ブックガイドシリーズ　基本の 30 冊

メディア論

難 波 功 士

人文書院

目　　次

はじめに

第1部　メディアの生成

ベンヤミン『複製技術時代の芸術』……………………………… 10
オング『声の文化と文字の文化』………………………………… 17
リップマン『世論』………………………………………………… 24
マーヴィン『古いメディアが新しかった時』…………………… 31
水越伸『メディアの生成』………………………………………… 38
フィッシャー『電話するアメリカ』……………………………… 45
フルッサー『写真の哲学のために』……………………………… 52
前田愛『近代読者の成立』………………………………………… 59
北田暁大『広告の誕生』…………………………………………… 66
加藤秀俊『テレビ時代』…………………………………………… 73

第2部　マス・メディアの世紀

有山輝雄『近代日本のメディアと地域社会』…………………… 82
佐藤健二『読書空間の近代』……………………………………… 89
キャントリル『火星からの侵入』………………………………… 96
ヴィリリオ『戦争と映画』………………………………………… 103
ブーアスティン『幻影(イメジ)の時代』………………………… 110
ホガート『読み書き能力の効用』………………………………… 117
モラン『プロデメの変貌』………………………………………… 124
萩元晴彦，村木良彦，今野勉『お前はただの現在にすぎない』…… 131
パットナム『孤独なボウリング』………………………………… 138

メイロウィッツ『場所感の喪失』………………………… 145

第3部　メディアの現在進行形
アンダーソン『増補 想像の共同体』……………………… 154
佐藤卓己『現代メディア史』………………………………… 161
キットラー『グラモフォン・フィルム・タイプライター』………… 168
原崎惠三『海賊放送の遺産』……………………………… 175
ペンリー『NASA／トレック』……………………………… 182
とりみき『愛のさかあがり』………………………………… 189
吉見俊哉，若林幹夫，水越伸『メディアとしての電話』………… 196
井手口彰典『ネットワーク・ミュージッキング』………………… 203
ライアン『膨張する監視社会』…………………………… 210
マクルーハン『メディア論』………………………………… 217

はじめに

　娘の不思議な癖に気づいたのは，まだ娘が3巡目の誕生日を迎える前のことだった。

　娘は絵本を手にすると，裏表紙に添えた片手を小刻みに震わせて，硬い表紙だとカタカタカタ，柔らかいとパタパタパタと必ず音を立てるのである。せっかく読んであげようと思うのに，本が震動して読みづらいことおびただしい。

　やがて娘はあまり「読んで，読んで」とは言わなくなり，自分でページ繰り始めた。読み聞かせた内容を暗唱する「耳コピ」「完コピ」期を経て，自らの解釈・想像をもとに自由に絵にストーリーをつけ，誰に聞かせるともなく延々と語り続けるようになった。依然として裏表紙を鳴らしながら。

　カタカタ，パタパタは，物語が娘に憑依するための伴奏にも聞こえるし，遠くの誰かと交信する信号のようにも聞こえた。そのカタカタは何の音，そのパタパタは何のためとたずねてみるが，6才になった今でも答えが返ってくることはない。きっと，彼女にもわからないのだと思う。文字を覚えて，自分で「読む」という行為を始めても，いまだにカタカタ，パタパタは鳴りやまない…。

　いきなり何の話をしだすのかと，面食らわれた方もおられるかもしれないが，私が「メディア」と聞いてまず思い浮かべるのは，娘の爪がハードカバーを響かせるカタカタであり，厚紙を震わせるパ

タパタなのだ。

メディアとは何か。2011年現在，こうした問いをたてたとしたならば，その本質を問う深遠な議論が始まるか，「新たなビジネスチャンスをつかんで〇〇長者になろう」といった話がいきなり始まるかの両極端しかないように思われる。そして，いかんせん文系的頭脳，とりわけビジネス向きではない人文系脳細胞の持ち主は，「メディア論」の饒舌や衒学へと赴きがちである。

だが，本書は「基本の30冊」シリーズの一冊である以上，いきなり難解なメディア論を初学者にぶつけることは避けたいと思う。裸の王様の寓話ではないが，大上段からのメディア語りではなく，娘のカタカタ，パタパタへと話を差し戻してみたいと思う。

では，本書でいうメディアとは何か。ひとまずここでは，「伝達・複製・保存・再生などに関わるマテリアル，デバイス，インフラストラクチャーとそれにともなうコンテンツ」としておきたい。娘の場合は，絵本というメディウムによって誰かから何らかの作用をうけ，かつ誰かに何かを語り始めたということになる。その場に存在しない誰かと空間・時間を超えてつながるためのモノ（artifact）たちをメディアと総称しておく。もちろん，メディアとコンテンツは不可分であるから，「何らかのコンテンツとその伝達・複製・保存・再生などに関わるマテリアル，デバイス，インフラストラクチャー」とも言い換えられよう。

個別具体的な何ものかが，それがメディウムであり，「メディア」の一種類と同定されるプロセスは，あるモノたちが「メディア」と概括されていくプロセスと表裏一体をなしている。個々のメディウムから帰納するか，「そもそもメディアとは何か」から演繹するか。演繹法的なアプローチが，抽象度の高いメディア概念や思弁的なメ

ディア論によりがちである以上，ここでは帰納法的なスタンスをとりたい。あくまでも大学学部生向けの入門書という立場は崩さないでおきたい。学生たちの「big word（小難しい概念）」嫌いは，それはそれで大問題だが，入り口のところでそっぽを向かれてしまっては元も子もない。彼・彼女らは，あくまでメディア総体ではなく，個別のメディウム（ないしコンテンツ）に興味があって，社会学部などのメディア関連コースへと進んでくるのである。また，「コミュニケーション論」全般へと回収されないためにも，「モノとしてのメディア」にはこだわっておきたい。

とは言え，もちろん本書で取り上げる文献の中には，けっして平易とは言えないもの，読者に不親切なものも多い。私の乏しい頭脳と感性の範囲内の選書であり，当然偏りも大きい。だが，そのいずれもが，そこで論じられているメディアについて「ある手触り」を感受できたと私が思えたものばかりである。要するに，そのどこかが気になった，何かが好きになった文献だけを集めてみた。私と30冊との，30通りの共感・共振を，より多くの学生たちに伝播させたいと考えている。そして本書を通じて，より多くの人の頭と心のどこかを，カタカタ，パタパタさせたいと願っている。

全体の構成としては，メディアの生成に照準した第1部，マスメディアの勃興と展開に焦点をおいた第2部，マスメディアの趨勢・衰勢をたどり，21世紀への予兆にいたる第3部となってはいるが，もちろんこの区分は明確なものではない。一書の中にメディアの生成・進展・凋落・転生のすべてが語られている場合も多々あるので，あくまで便宜的な構成だとご理解いただきたい。

そして，冒頭に宣言しておくが，メディアとは何かという問いに正解はない。だが，「なんだそれは。正解がないなら考えても意味

がない」という受験生的な振る舞いだけは止めていただきたい。そうした短絡からすみやかに卒業し，「正解がないからこそおもしろい」へと入学するよう，これら30冊は誘ってくれている。この1冊が，その誘いへの誘い水となることを祈ってやまない。

※なお，本文中の〈　〉は引用を意味し，基本的にはその章のタイトルに挙げた文献からの引用である。そうでない場合は，その引用箇所の前後で出典を示している。また，引用文中の中略の箇所は…であらわし，煩雑を避けるため引用ページ数も基本的には省略している。なお引用に際しては，原文にある傍点や太字などは基本的に残すようにしたが，傍点をはずすなど，一部書き改めた個所もある。ご了承いただきたい。

第1部

メディアの生成

ヴァルター・ベンヤミン

『複製技術時代の芸術』
Das Kunstwerk im Zeitalter seiner technischen Reproduzierbarkeit, 1936

川村二郎ほか訳，紀伊國屋書店，1965年

——瓦礫のことばを拾い集めて——

「写真なんて…／なんまい撮ったって／本物になりゃしないわ」
（清原なつの『あざやかな瞬間』集英社，1985年）

　最初に何を持ってこようか。
　思案のしどころだが，この一冊，とりわけそこに収められた「複製技術の時代における芸術作品」からメディア語りを始めたいと思う。この論文自体は，わずか数十頁の掌編に過ぎないが，後世に与えた影響は強大であり，そのフレーズの数々はいまだに人々の思考を刺激し続けている。
　巨大な謎（エニグマ）として語られることの多いベンヤミンは，とうていメディア論の枠内には収まりきらない思想家である。またこの論文は，ベンヤミンの主著とも言うべき『パサージュ論』など，さまざまな著作との関連で語られるべきテクストである。だが，ただでさえ錯綜しているベンヤミンの著述群の底なし沼に引きずり込まれないためにも，ここではこの一編に話を絞り，かつ「メディア（論）」という問題構制の始発点としてのベンヤミンに限定して論を進めたい。なおこのテクストには，いくつかのバージョンがあり，翻訳もさまざまに存在するが，ここでは最初期の邦訳にもとづいておく。

「アウラ」の喪失

まずベンヤミンは次のように宣言する。〈複製技術は，一九〇〇年をさかいにしてひとつの水準に到達し，従来の芸術作品全体を対象として，その有効性にきわめて深刻な変化をあたえはじめたばかりではなく，それ自身，もろもろの芸術方法のなかに独自な地歩を占めるにいたったのである〉。『オックスフォード英語辞典』によると「(マス) メディア」という複数形は，20世紀前半に広告業界周辺から「広告媒体」の意で立ち上がったもののようだが，その背後には当然のことながら複製技術の飛躍的発展があった。

では，そのテクノロジーは，芸術に何をもたらしたのか。ベンヤミンは言う。〈どれほど精巧につくられた複製のばあいでも，それが「いま」「ここに」しかないという芸術作品特有の一回性は，完全に失われてしまっている〉。これが有名な「アウラの消滅」の議論である。そしてこの議論は，〈芸術は，そのよって立つ根拠を儀式におくかわりに，別のプラクシスすなわち政治におくことになる〉〈写真の世界では，展示的価値が礼拝的価値を全面的におしのけはじめている〉と展開されていく。

アウラ (aura) ないしオーラの語は，今日ではTVタレントのスター性の有無や，時にはバラエティ番組などにおいて霊視と近しい文脈で使われたりもするが，ここではさしあたり「ある身体や物体から発せられる微妙な雰囲気」くらいの意味あいで理解しておこう。ベンヤミンは，生身の舞台俳優の演技を眼前でみるのとは異なり，〈映画の観客がとる姿勢は，テストの姿勢である。これは，そのまえで礼拝的価値をひろげることのできない姿勢である〉とあるように，複製技術の進歩のもと，人々がアウラを見出せなくなった（見出さなくなった）諸相を論じていく。

だが、ベンヤミンは複製技術を、カメラのような「器械装置」の介在を、否定的にとらえていたわけではない。たとえば映画は、その撮影に対物レンズを駆使することなどで、新たな知覚を人々にもたらしたりもする。

〈安酒場・都市の街路・オフィス・家具つきのアパート・鉄道の駅と工場、そうしたもののなかに、われわれは救いがたく封じこめられてしまいそうだった。そこへ映画が出現して、この牢獄の世界を十分の一秒のダイナマイトで爆破してしまった。そしていま、われわれは、その遠くまでとび散った瓦礫のあいだを悠々と冒険旅行するのである。クローズ・アップによって空間はひろがり、高速度撮影によって運動が幅をひろげた。〉

有名なこの一節は、モンタージュやカット・バック、フラッシュ・バック、パンやズーム、スロー・モーションといったさまざまな撮影・編集手法が、それらが登場した時点ではどれほどのスペクタクルであったかを示しているのだろう。

散漫な大衆

このようにベンヤミンは、「器械装置」によって、もしくは「器械装置」とともにあることによって、人々のものの見方、感じ方が大きく転換しはじめた時代の変化に、もっとも鋭敏に反応した知性の持ち主の一人であった。〈決定的なことは、あくまでも、ひとつの器械装置に向かって——あるいはトーキーのばあい、ふたつの器械装置に向かって——演技がおこなわれるという点にある〉。

そして、これら複製技術の進展は、芸術作品の新たな受け手である「大衆」の浮上の原因であり、結果でもある。〈芸術作品のまえで精神を集中するばあい、ひとはその作品のなかに沈潜する〉が、

〈これにたいして散漫な大衆のほうは，逆に自己の内部へ芸術作品を沈潜させる〉。くどいようだがなにもベンヤミンは，精神の集中を要求する芸術に対して，大衆は散漫な気ばらししか求めない，という昔ながらの嘆き節をリフレインしたかったのではない。逆に，「映画は礼拝的価値をよせつけない」点に可能性を見ようとしたのである。

　ベンヤミンのこのテクストは，1930年代という時代状況の所産に他ならない。ナチス・ドイツとは明言されていないが，〈大衆を征服して，かれらを指導者崇拝のなかでふみにじることと，マスコミ機構を征服して，礼拝的価値をつくりだすためにそれを利用すること〉を遂行しようとするファシズムに対し，何とかして抵抗の拠点をつくりだそうというのが，「複製技術の時代における芸術作品」のモチーフだったのである。本論文は，ユダヤ人ベンヤミンの決死の抵抗の試みとして読まれるべきなのである。

　だが，ナチス党大会の記録映画"意志の勝利"が1935年のパリ国際博覧会で金メダルを獲得し，同じくレニ・リーフェンシュタールが監督したベルリン五輪の記録映画"オリンピア"（1938年）は，ベネチア映画祭最高賞（ムッソリーニ杯）を受賞している。これらの映画は，果たして散漫に視聴されただけなのであろうか，被写体である総統への礼拝をもたらさなかったのであろうか。やはり，弁士や楽隊，さらには観客の談笑が介入しうる無声映画と，音声と映像がパッケージとして提示されるトーキーとでは，その受容態度に違いが生じていたのではないだろうか…。

　そうした問いに答える暇もなく，ベンヤミンは短い生涯を終えた。その死もやはり謎めいており，その諸説を描いた映画すら存在する。

新しい天使

　では，21世紀を生きるわれわれは，20世紀の複製技術の台頭のもと，19世紀に全盛をむかえたパサージュ——ガラスに覆われたパリのアーケード街——とそこでの人々の遊歩を回顧し，散漫なメディア体験の出現を語ったベンヤミンから何を引き継ぐべきなのだろうか。

　もちろんベンヤミンの議論を，現在の社会にそのままあてはめることはできない。映画に関してベンヤミンは散漫な受容を指摘したが，今日，映画館での観客は，たとえそれが娯楽作品であったとしても，精神の集中が要求される鑑賞というプラクシス（実践，行動）とともにある。散漫と言えば，テレビのチャンネルを頻繁に切り換えるザッピング，ビデオテープやDVDなど動画コンテンツを早送りするジッピング，ネット・サーフィンもしくはホームページのブラウジング（拾い読み），さらにはテレビとケータイとの「ながら視聴」などの方が，はるかに気も漫ろであろう。

　多田道太郎は『複製芸術論』（勁草書房，1962年）の中で，〈複製芸術とは芸術の複製ではない。それは一個の芸術である〉と喝破している。どんなに新しい複製技術であっても，やがて日常的なもの，当たり前のものへと埋め込まれていく。そして，そのメディア体験やコンテンツに対して人々が真正性を感受することもあろうし，複製されたものがオリジナリティを帯びる，もしくは複製物がオーラを発することもありうるだろう。

　だが，だからといって，ベンヤミンの発したことばたちは，生命力を失ったわけではない。ベンヤミンの著作は，それこそアウラを放ち続けるフレーズの集積体として，今なお人々を魅了してやまない。その時々の状況に即したことばにも関わらず，もしくはそうし

たことばだからこそ、依然起爆力を秘めているのである。

　ベンヤミンは、『新しい天使』という雑誌の創刊を計画していたが、その予告において〈雑誌(ツアイトシユリフト)の使命は、その時代の精神を証言することである。時代精神のアクチュアリティーは、それの一体性や明晰性よりも以上に、雑誌(ツアイト)にとって重要だ〉と述べている（『新しい天使』野村修編訳、晶文社、1979年）。ベンヤミン独特の文体は、まとまりや明晰さとは縁遠いかもしれないが、その時々にさまざまな読みを誘発していく。印刷という複製技術、雑誌というメディウムを愛したベンヤミンは、〈この雑誌はそのはかなさを最初から自覚している〉とも語っている。ベンヤミンを思想家・哲学者としてだけではなく、ジャーナリストないしエディターとしてもとらえていくべきなのかもしれない。

　では、なぜ「天使」なのだろうか。ユダヤ教の聖典である〈タルムードの伝えるところによるならば、天使は——毎瞬に新しく無数のむれをなして——創出され、神のまえで讃歌をうたいおえると、存在をやめて、無のなかへ溶け込んでゆく〉。そうした移ろいやすさこそが重要であり、〈真のアクチュアリティーを手にいれようとする以上、はかなさは当然の、正当な報い〉なのである。

　切手・ポスター・チケットなど、本来は寿命の短い収集品(コレクタブル)をエフェメラ（ephemera）と呼ぶことがある。未刊に終わった『新しい天使』といい、さまざまなフレーズを拾い集め、書きつけた『パサージュ論』（今村仁司ほか訳、岩波現代文庫、2003年）といい、いずれもいわばエフェメラであった。考えてみれば切手・ポスター・チケットも、さらにはビラやチラシやグラフ雑誌も、複製技術の産物。

　はかないからこそ、エフェメラルだからこそ色褪せない稀有なテクストとして、ベンヤミンの遺稿はわれわれを思考の冒険へと誘い

続けている。

ヴァルター・ベンヤミン（Walter Benjamin, 1892-1940）
　ベルリンの裕福なユダヤ人美術商の家に生まれる。哲学者，フランクフルト大学社会研究所共同研究員。ナチス政権下パリに亡命し，最後はスペイン国境の町にて没す。『ヴァルター・ベンヤミン著作集』全15巻（晶文社，1969〜1981年）など。

参考・関連文献
　多木浩二『ベンヤミン「複製技術時代の芸術作品」精読』（岩波現代文庫，2000年）
　中村秀之『瓦礫の天使たち　ベンヤミンから〈映画〉の見果てぬ夢へ』（せりか書房，2010年）
　アン・フリードバーグ『ウィンドウ・ショッピング　映画とポストモダン』（井原慶一郎ほか訳，松柏社，2008年）
　デイヴィッド・ハーヴェイ『パリ　モダニティの首都』（大城直樹，遠城明雄訳，青土社，2006年）

ウォルター・J・オング

『声の文化と文字の文化』
Orality and Literacy: The technologizing of the Word, 1982

桜井直文ほか訳,藤原書店,1991年

——耳にすることばと目にすることば——

「なんや!?／メールやなかったら／しゃべられ／へんのか!?」
(森田よしのり『べしゃり暮らし』1巻,集英社,2007年)

　ベンヤミンが複製技術に思いをめぐらせていた頃,新大陸アメリカでは同じWalterの名を持つ青年が,大学でラテン語を専攻し,卒業後イエズス会へと入会していた。司祭の資格をとるとともに,英文学者としてスタートしたオングは,当時セントルイス大学で教鞭をとっていたマーシャル・マクルーハンの指導を受けている。

　本書の叙述は,複製技術が進展するはるか以前,口頭でのコミュニケーションが中心だった聴覚優位の時代にまでさかのぼる。そして,それとの対比の中から,文字や印刷術の普及による視覚優位のコミュニケーションの特質が浮き彫りにされていく。

　〈声の文化がまだ支配的なところで育っているアメリカ合衆国やカリブ海諸国などの黒人の男子は,「ダズンズ dozens」とか,「ジョウニング joning」とか,「サウンディング sounding」などさまざまな名で知られるある遊びに参加する。そのなかでは,参加者の一方は,他方の母親の悪口を言い,それによってたがいに相手をうち負かそうとする。…ほんとうの喧嘩ではなく,ある芸術形態なのである。〉

こうした「お前の母さん，出・ベ・ソ」レベルの言い争いを，洗練させていったのが「ラップ」である。その街角の肉声は，やがて世界中のヒットチャートを賑わせるようになる。だがヒップホップのシーンにおいて，ラップのことば(リリック)をのせる音楽(トラック)は，ターンテーブル上でのLPレコードの操作や，サンプリングした音のエレクトロニックな加工によってつくられている。ラップという「声の文化（orality）」の復権は，メディア・テクノロジーの発達抜きには考えられないのである。

声の文化と文字の文化

本書は，そのタイトルにある通り，声の文化と文字の文化の対比の書である。オングは言う。〈口頭でのコミュニケーションは，人びとを結びつけて集団にする。〔それに対し〕読み書きするということは，こころをそれ自身に投げかえす孤独な営みである〉。たとえば，教師がクラス全体に話しかける時，教師も生徒もクラスをひとつのまとまった集団と感じているが，全員に教科書の一節を黙読するよう指示した場合，クラスの統一感は消えていく。

もちろんこうした相違は，複製技術の進展と深く関連している。〈印刷されたテクストは，手書き本のテクストよりも，おおむね，はるかに読みやすい。…テクストがいっそう読みやすいということは，究極的には，速読，黙読を可能にする。そして，そうした読みかたができるということは，さらに，テクストにおける著者の声と読者とのあいだに異なった関係をうちたてることになり，書くこと〔それ自身〕に対しても，異なるスタイルの書きかたを要求するようになる〉。

そして「文字の文化（literacy）」の展開は，自省的・内省的な

「孤独な営み」を生むとともに，メディアを介した「読者公衆 reading public」を生み出していく。

〈印刷によってはぐくまれた〔テクストが〕閉じられているという感覚と表裏をなしているのが，一定の視点〔でテクストが書かれるということ〕だった。…一定の視点と一定の調子〔でテクストが書かれるようになったということ〕が示しているのは，一面では，著者と読者との距離が大きくなったということであり，他面では，著者と読者とのあいだの暗黙の了解が広がったということでもある。つまり，著者は，確信をもってわが道を行くことができるようになった。〉

書き手の側から見れば，個人的な知り合いではないが，作者の視点に追随しうる「読者層という大量の顧客」が登場したのである。原作者不明のさまざまなフレーズが多声的に（polyphonic）響きあい，口誦されるたびに改変されてきた神話や伝説に対し，その発話の主体が明示的な小説や論説が台頭してきたのだ。たとえば，近代へと移行するにつれ，物語や脚本には次のような変化が生じた。

〈一次的な声の文化のなかでくりひろげられる話しが，手書き文字および活字によってますます統御されるようになる話しにとって代わられるにつれて，平面的で「重い」登場人物，つまり型どおりの登場人物は，ますます「立体的な」登場人物，すなわち，最初は予測できない行動をとるが，最終的には，複雑な性格構造と複雑な動機づけにおいて一貫して行動しているような登場人物に座をあけわたすようになる。〉

二次的な声の文化

ただし，こうした変化は単線的なものではない。〈エレクトロニ

クスの技術は，電話，ラジオ，テレビ，さまざまな録音テープによって，われわれを「二次的な声の文化」の時代に引きずりこんだ〉。だが，この新たな声の文化は〈その本質においては，〔かつての声の文化より〕いっそう意図的で，みずからを意識している声の文化であり，書かれたものと印刷の使用のうえにたえず基礎をおいている声の文化である〉。

またオングは〈一次的な声の文化と同様，二次的な声の文化は，強い集団意識 group sense を生みだした。というのも，話しに耳を傾けるということは，そうして聴いている〔複数の〕聴取者を一つの集団，一つの現実の聴衆をつくりあげるからである〉とも述べている。だがこの集団は，かつてのそれに比して〈マクルーハンの「地球村」ということばが示すように〉限りなく巨大である。

〈以前に声の文化のなかで生きていた人びとが集団精神をもっていたのは，ほかに代わるべきものがなかったからだが，われわれが生きている二次的な声の文化の時代においては，われわれは，意識的に集団精神をもち，そうすることを目標にしているのである。…二次的な声の文化において人びとが自然なそぶりで語りつづけるのは，分析的な思慮により，自然なそぶりはよいものだということをわれわれが心に決めたからである。〉

こうしたいわば「文字にもとづく声の文化（literate orality）」は，オング自身も認めるように，『声の文化と文字の文化』においてじゅうぶんには探求されず，残された課題となっている。カトリックの司祭としてまずオングは，話されたものとしての「神のことば」と聖書との関係に取り組んだのである。

本書の刊行以降，メディア・テクノロジーの加速度的な展開は，声の文化と文字の文化とをいっそう複雑に連関させている。私には，

PCでのチャットやケータイでのメール交換などは,「声にもとづく文字の文化」に思えて仕方がない。ディスプレイに映し出されるのは,たしかにデジタル・データにもとづく文字列ではある。ベンヤミンの章での言い回しを用いると,「いま,ここ」から切り離され,「アウラ」を喪失した「手書きではない文字の文化」のはずである。だが,そこにも何らかのアウラを見いだす感受性が,現在広く社会に生じているのではないだろうか。

これらさまざまな課題が,オングから後世へと投げかけられ,ゆだねられている。もしくは,本書によってオングと面識のないにもかかわらず,「オングの視点とつきあうことができる読者層」が形成され,その問いが共有され続けている。

リテラシーとは

オーラリティーがあまり一般的な用語ではないのに対し,「リテラシー」は日本語の中にもそれなりに定着しつつある。一時は「読み書き能力」と訳されたこともあったが,近年では「メディア・リテラシー(教育)」のままでもじゅうぶんに通用するだろう。テレビなどマスメディアが発する情報を鵜呑みにせず,番組や記事などの制作プロセスへの知識をもち,情報の真偽を見分ける受け手の力(を涵養する必要性)といった意味あいでよく用いられている。テレビのコマーシャルやプロパガンダなど,映像や音声による人心操作に惑わされないための能力ないし心構えとして論じられることも多い。

だが,このリテラシーに「文字の文化」をあてたのは,訳者たちの卓見といえるだろう。翻訳語としての「文化」には,二つの用法が存在している。芸術作品や表現活動などとの関連で用いられる

「文化」のほかに，人々の生活のあり方全体を指して「文化」とする場合もある。大学受験生が文化史と聞いて思い浮かべるのは，仏像の様式や絵画の流派など，前者の文脈における「文化」であろう。他方，「文化人類学」といった場合，研究対象となるのは，高尚な芸術作品やその創作活動に限定されるのではなく，ある人々の間に共有された，衣食住などを含む諸生活様式（ways of life）である。

オングが〈著者と読者とのあいだの暗黙の了解〉として論じたように，リテラシーとは，単に文字でのやり取りを問題にすることではなく，コミュニケーションの総体とそれを成り立たせている当該社会における共有知識や前提を問い返すための概念なのである。

ラップ（という声にもとづく生活様式の総体）で話を始めたので，最後は映画"サイタマノラッパー"（入江悠監督，2009年）を引いておきたい。

1970年代後半，ニューヨーク・ブロンクスの街頭でのことば遊びが，ゼロ年代の埼玉を舞台に展開。ヒップホップのクルーを気取るも，未来の見えない若者たちの倦怠。それを映画館やDVDで見ているわれわれは，監督＝作者による著作物として理解。撮影カメラと録音マイクをはじめ，さまざまな装置の介在を了解。しかし，IKKUが劇中「MIC（マイク）がなくてもライムとまらねぇ」と叫んでも，撮影現場には録音マイクあるじゃないかよ，とは誰も言わない。映画に没入し，監督と役者に喝采。監督と役者たちには，アウラ満載。ゆえに，同じ役者でパート2を公開。次回作で引用される前回。それを可能にするのは，観衆という解釈共同体。これも一つのリテラシーだと，思わないかい。

ウォルター・ジャクソン・オング（Walter Jackson. Ong, 1912-2003）
　アメリカ・ミズーリ州に生まれ，カトリック教徒として育つ。長らくセントルイス大学で教鞭をとった。文化研究ないし文学研究者であり，宗教史・宗教哲学の領域でも足跡を残している。

参考・関連文献
　ハロルド・アダムズ・イニス『メディアの文明史　コミュニケーションの傾向性とその循環』（久保秀幹訳，新曜社，1987年）
　トマス・カーチマン『即興の文化　アメリカ黒人の鼓動が聞こえる』（石川准訳，新評論，1994年）
　坂田謙司『「声」の有線メディア史　共同聴取から有線放送電話を巡る〈メディアの生涯〉』（世界思想社，2005年）
　兵藤裕己『〈声〉の国民国家・日本』（日本放送出版協会，2000年）

ウォルター・リップマン

『世論』
Public Opinion, 1922

掛川トミ子訳, 岩波文庫, 1987年

――世論と輿論の再考のために――

「あっはっはー／見ましたよー／新聞！／見事な／小バカにされ／っぷりですねー」
(からすやさとし『カラスヤサトシ』4巻, 講談社, 2009年)

　かつて全日空のキャッチフレーズに,「ヨロンは黒い肌を支持しております」というのがあった。この場合は, もちろん「与論」島。1975〜76年の沖縄国際海洋博を経て, いよいよリゾートとして南西諸島が注目を集めはじめた頃のことである。

　では, この『世論』。ヨロンと読むのか, セロンと読むのか。本書のタイトルには, 世論(せろん)とルビが振られている。しかし近年, より理性的な public opinion の場合が「輿論(よろん)」であり, より情動的な popular sentiments を「世論(せろん)」と訳すべきとの議論も出てきている。ジャーナリズム論, マス・コミュニケーション論の古典とされている本書は, そうした論点をふまえ, 今新たに読み返される必要がある。

　時系列は前後するが, 今回はオングから60年ほどさかのぼり, ベンヤミンと同時代を生きた「第三の Walter」の主張に耳を傾けておきたい。

疑似環境とステレオタイプ

　リップマンはまず冒頭で，人とそれをとりまく環境との間に「疑似環境（pseudo-environment）」が挿入されつつある現状を指摘している。

　〈人の行動はこの疑似環境に対する一つの反応である。しかしそれが行動であることには違いない。だから，もしそれが実際行為である場合には，その結果は行動を刺激した疑似環境にではなく，行為の生じる現実の環境に作用する。もしその行動が実際行為でなく，大雑把に思考とか情緒と呼ばれているものである場合には，虚構世界に破綻が目立ってくるまでに時間がかかるかもしれない。〉

　このような疑似環境の浮上の原因は，〈真の環境があまりに大きく，あまりに複雑で，あまりに移ろいやすいために，直接知ることができない〉ために，〈それをより単純なモデルに基づいて再構成してからでないと，うまく対処していくことができない〉ことにある。近代社会においては〈どうひいき目でみても，未知の環境から送られてくる情報と直接付き合う一日当りの時間は，誰の場合も少ない〉のだから。

　そして，効率的な世界認識，環境把握のために欠かせないのが「ステレオタイプ（stereotypes）」である。〈われわれはたいていの場合，見てから定義しないで，定義してから見る。外界の，大きくて，盛んで，騒がしい混沌状態の中から，すでにわれわれの文化がわれわれのために定義してくれているものを拾い上げる。そしてこうして拾い上げたものを，われわれの文化によってステレオタイプ化されたかたちのままで知覚しがちである〉。言わずもがなのコトだが，ここでの文化とは，前章でとりあげたウェイズ・オブ・ライフとしてのそれである。

もちろん新聞なども、ステレオタイプと深く結びついている。人びとは、〈自分では虚構か現実かの区別のつけようのない問題が扱われている〉記事を目の前にし、〈真実がどうかを規準にして判断することはできない〉場合にも、そのニュースが〈自分のステレオタイプに合致すれば、人びとはひるまない。彼らはニュースが自分の興味をひくかぎり読みつづけるであろう〉。

「黄禍」という世論

前世紀のごく早い段階、擬似環境やステレオタイプといった概念を提示した点は、リップマンの慧眼としか言いようがない。擬似環境が常態化した今日だからこそ、本書は時代を超えて再読されるべきなのである。

だが、本書にしても、時代の産物である。『世論』が出版された1920年代初頭にアメリカ社会で高まっていた黄色人種に対する嫌悪や蔑視も言及されている。とりわけ、アメリカ本土に移り住んだ多くの日系移民たちは、白人労働者層の仕事を奪う存在として、反日・排日感情にさらされていた。

リップマンは言う。〈「日本」という語はどうだろう。「黄禍」にかこまれた、目じりの上った黄色人種の漠とした一群、写真で選ぶ花嫁、扇子、サムライ、万歳、美術、桜などであろうか〉。「フジヤマ、ゲイシャ、ハラキリ」などのステレオタイプにとどまらず、〈ちょうど、日本人はずるいと前から知らされている人が、あいにくと不正直な日本人二人とたまたま続けさまに出くわしてしまったようなときがそれである〉と、すべての日本人が「黄禍（yellow peril）」をもたらすものとして警戒されていたのである。

〈われわれは陽気なアイルランド人、論理的なフランス人、規律

正しいドイツ人，無知なスラブ人，正直な中国人，信用ならない日本人，などと言っている。このように一般化された評価はいくつかの標本から得られたものではあるが，その標本自体が統計学上まったく不合理な方法によって選ばれたものである。〉

　また，リップマンは 1918～22 年の日本のシベリア出兵についても以下のように述べている。ロシア革命によるロシア軍の退却に狼狽した協商側――イギリス・フランス・ロシア間の三国協商に基づく連合国。第 1 次世界大戦の際，ドイツ・オーストリア・イタリアの三国同盟に対抗した――が，〈戦争は二つの戦線で戦われるものだ〉というステレオタイプのもと，もう一つの戦線である「東部戦線」へと，日英同盟によって日本を配置しようとしたのが，シベリア出兵のきっかけであった。〈東部戦線はどうしても必要だという思いがきわめて強く〉〈日本の軍隊をシベリアのはずれに上陸させたところでドイツ軍のいるところまで到達することはとてもできない〉という理の当然がかえりみられることはなかった。〈日本とポーランド間の距離の例に見るように，そのステレオタイプと矛盾する諸事実が人びとの意識に鮮明に入ってくることはできなかったのである〉。東西二つに戦線をはるべきという固定観念が，ロシアなきあと東部を担う国を見つけなければとの強迫観念となり，日本に大陸への出兵を促したが，それは確たる意味を持たない行為であった…というわけだ。

　シベリア出兵の例はややこじつけの感もあるが，世の中を曇りなき目で見ることの困難を，リップマンはアメリカ社会の日本認識を題材に繰り返し語っている。当時の新聞は，1919 年ソウルで起きた反日独立運動（三・一独立運動）とそれへの朝鮮総督府による弾圧について，第 1 次世界大戦下の〈ベルギーで起こったと言われる

いかなる行為よりもっと「恐るべき野蛮な」行為〉があったと，より扇情的に伝えたという（ここで言われている，ベルギーで起こったとされる残虐行為にしても，あるステレオタイプにもとづく単なる噂の広まりが，〈新聞によって改めて流され〉たものだと本書では指摘されている）。

〈完全に正しく伝えるために要求される真実の，すべての要素を百語に圧縮して，七か月の間に朝鮮で起こったことを説明できるかどうか。どれほどすぐれた文章家といえども覚束ないことである。なぜなら言葉というものは決して意味を伝える手段として完全なものではないからである。言葉は，流行にも似て，くるくると変わり，今日はあるイメージ群を，明日はまたべつのイメージ群を喚起させるものである。同じ一つの単語でも，記者が頭の中に描いていたのと同じ考えを，そのままそっくり読者の頭に呼びさますかどうかはたしかでない。〉

感情の政治学

今日，新聞など活字中心の媒体は，よりビジュアルなメディアに比して，理性的で冷静なものとされることが多い。しかし，テレビどころかラジオ以前の状況では，新聞こそがセンセーショナルなメディウムであった。

〈大衆が読むのはニュース本体ではなく，いかなる行動方針をとるべきかを暗示する気配に包まれたニュース〉であり，〈事実そのままの客観性を備えたものではなく，すでにある一定の行動型に合わせてステレオタイプ化された報道である〉。漠然とした感情に言葉を与えるのがニュース報道の役目であり，感情が言葉におきかえられることで，〈人びとは自分の感じていることをより明確に知る

だろうし、そうなればもっと明確にそれを感じることになる〉。そして〈大衆感情に触れている指導者たちは、このような反応に気づくのが早い〉。

　活字媒体≒メディアであった時代、新聞は輿論（public opinion）だけではなく、世論（popular sentiments）を担うという側面も強く帯びていた。だが時代の移り変わりとともに、個別のメディウムは、メディア全体の位置関係の中で、刻々とその機能や役割分担を変えていく。『世論』の中でも、〈ぼんやりしていた観念が鮮明になる〉ための、より強力な映像媒体の台頭が示唆されている。

　〈たとえばクークラックスクランについてのあいまいな観念もグリフィス監督のおかげで、『国民の創生』を見れば、具体的にはっきりした形をとるだろう。歴史的に見てこの映画は誤っているかもしれないし、道徳的に見て有害かもしれない。しかしそれは一つの具体的な形をとっている。この秘密結社についてグリフィス監督以上のことを知らない人がこの映画を観たら、こんどクークラックスクランの名を聞くとき、かならずやスクリーン上に見た白衣の騎士たちの姿を思い浮かべるだろう。〉

　KKK の略称でしられる白人至上主義者たちについて、何ら知識を持たない人でも、白い三角頭巾をかぶった集団の写真には恐怖を覚えるかもしれない。だが、「映画の父」ことグリフィスへの興味から"國民の創生"（1915 年）を観た人の中には、不覚にも「KKK、カッコイイ」と呟いてしまう者もいるかもしれない。

　新聞と無声映画がメディアの王者だった時代から 100 年を経て、今われわれはどこにおり、どこに向かおうとしているのか。そうした問いを喚起させる点に、本書の生命力の秘密はある。

ウォルター・リップマン（Walter Lippmann, 1889-1974）
　ニューヨークに生まれる。ジャーナリスト，コラムニスト，政治評論家として健筆をふるい続ける。著書に『幻の公衆』（河崎吉紀訳，柏書房，2007年）など。

参考・関連文献
　ガブリエル・タルド『世論と群集』（稲葉三千男訳，未来社，1989年）
　佐藤卓己『輿論と世論　日本的民意の系譜学』（新潮選書，2008年）
　遠藤薫『間メディア社会と「世論」形成　TV・ネット・劇場社会』（東京電機大学出版局，2007年）
　安野智子『重層的な世論形成過程　メディア・ネットワーク・公共性』（東京大学出版会，2006年）

キャロリン・マーヴィン

『古いメディアが新しかった時　19世紀末社会と電気テクノロジー』
When old technologies were new: Thinking about electric communication in the late nineteenth century, 1988

吉見俊哉ほか訳，新曜社，2003年

───かくして社会は電動しだした───

「じゃあ／一番最初に／絵を描いた奴は…／誰を／真似て描いたんだ？」
（浦沢直樹・長崎尚志『BILLY BAT』1巻，講談社，2009年）

　新しいメディアと聞くと，1984年広告代理店入社組としては，「ニューメディア」ブームのことをまず思い出してしまう。衛星放送・文字放送・ケーブルテレビ・ビデオテックス（電話回線で結ばれた情報端末）などが切りひらく未来，といった夢物語。でも実際には，80年代に一気に普及したのはビデオデッキとウォークマン，ファミコン，ワープロ専用機などだった。

　その後，90年代前半にはマルチメディア・ブームがやってくる。マッキントッシュでデジタル・アート，記憶媒体はCD-ROMで。そんなノリだったと思うが，インターネット以前の「モデムでパソコン通信」の環境下では，いかんせんこれもかけ声倒れ。流行のメディアといえば，ポケベルやPHS，ケータイなどであった。

　そして今，フロッピーディスクやVHSテープなどの磁気媒体どころかCDまでもが時代遅れとなり，ワープロ，ポケベル，PHSもほぼ姿を消した。「古いメディアとなるまで生き残ることの困難」

を感じずにはいられない。

　そうした20世紀末のニューメディアに対し，この本では電信・電話など「19世紀末のニューメディア」をめぐって，その混沌の様相が語られている。ラジオや固定電話，さらにはテレビなども，そろそろ「ご臨終メディア」とささやかれつつある現在，本書を片手に，ここ30年来の新しいメディアの死屍累々を眺めながら，「電気が輝いていた頃」を追体験してみたい。

過去に未来を見る

　まず冒頭に曰く〈新しいテクノロジーというのは歴史的にみて相対的な言葉である〉。当然のことながら，本質的・絶対的に新しいテクノロジーというものは存在しない。ここで扱われている19世紀末のエレクトリック（電気的）・コミュニケーションをめぐるメディア・テクノロジーも，エレクトロニック（電子的）なそれが他を圧倒しつつある21世紀から振り返りみる時，あまりにも古色蒼然としている。

　だが，中には「先取りされた未来」としか言いようのない事例も紹介されている。たとえば，19世紀末から第1次世界大戦後までの間，ブダペストで展開された「テレフォン・ヒルモンド」。電話回線を通じてニュースや講演，音楽会などの音声が，番組として編成され，加入者のもとに流されていたのである。家庭や準公共的な場所（ホテルやコーヒーハウスなど）で，〈壁に取つけられた菱形の板から，二つの小さな丸いイヤホーンを耳元に当てている〉といった聴取の姿が見られたという。

　〈テレフォン・ヒルモンドは，新聞的な活動と口頭の講話の慣習的な様式，それに二十世紀のラジオを先取りするような電話の可能性

の混成物であった。…当時ヒルモンドは,新聞の新しい形態とみなされていたのである。だがそれは,連続的かつ定常的にスケジュール化された番組編成を行ない,いくつかの番組は自分たちのスタジオで自主制作し,そしてニュースと娯楽を同一の有線サービスの中に織り混ぜていった点において,急進的で前向きのものでもあった。〉

電話回線を通じて番組を届ける,いわば「通信と放送の融合」が実現していたのである。テレフォン・ヒルモンドは,その後に登場するラジオ番組の先駆という意味でも「新しいテクノロジー」であった。そして,電波によるラジオ放送が古いテクノロジーと化した現在,テレフォン・ヒルモンドの試みは,当時あり得たかも知れない未来として眼差され,かつ21世紀のメディアのあり方の祖型として再発見されているのである。

技術決定(され)論

(不)特定多数に対してコンテンツを提供するテレフォン・ヒルモンドの可能性は,ラジオ放送の急速な普及により最終的には潰え,長きにわたり電話回線は基本的には1対1の対話のためのインフラとなっていった。音声を有線で送るテクノロジーは,社会的な諸関係の中で,電話というメディアへと結実し,定着していったのである。

たしかに画期的なテクノロジーの誕生が,歴史を大きく動かしてきた。だが,発明家のひらめきによってのみ世界が変化してきたわけではない。レイモンド・ウィリアムズが技術決定論(technological determinism)として批判したように,新たに開発された技術は,その時代・その社会の文脈のもとで生みだされ,その文脈の中で利

用法が定まっていく（R. Williams, *Television*, Routledge, 1974)。

　電気というテクノロジーも，社会的な真空状態の中で誕生したものではない。たとえば当初「エレクトリシャン」たちは，電気の原理を理解できない人々として，非ヨーロッパ（系）人・アメリカ先住民・黒人・女性・田舎者などを見下していた。ある探検家はアフリカの族長と握手する時，隠し持った電池を使って相手にゆるい電気ショックを与え，その「神秘的な力」によって尊敬を集めようとしたという。またある農夫は，電話のかけ方がわからず，用件を書いたメモを丸め，送話機の穴に差し込み，電話局員をあきれさせた等々。こうした電気をめぐるエピソードは，「エレクトリシャン＝電気の専門家」としての自らの地位の誇示であるとともに，当時の社会意識，とりわけ差別意識のストレートな反映でもあった。

　もちろん，技術はその時々の社会のあり方に規定されるだけではなく，新たな社会への変化の原動力ともなりうる。鶏と卵の関係のように，メディア・テクノロジーは社会を決定づけ，かつ社会に決定づけられていた。エレクトリシャンたちも〈新しいメディアが家族や階級，共同体，ジェンダー関係にもたらす影響に，彼ら自身も不安を感じていた〉。家庭内に電話線を通じて「よそ者（アウトサイダー）」が入りこみ始め，相手の外見を手がかりにコミュニケーションすることが不可能なため，階級や人種といった〈通常のかたちでは乗り越えることのできない障壁を下層階級の人間が通り抜けられるようになったし，また特権階級の人間が誰にも気づかれずにいかがわしい場所に出入りすることもできるようになった〉。

　新たなメディアは，それまでのコミュニケーションの常識をくつがえしていく。一つ例を挙げるならば，今まさにプロポーズしようとしていた求婚者は，次のような悲劇に見舞われた。

第Ⅰ部　メディアの生成

〈「ごめんなさい，フェザリーさん，ちょっと待ってね」と彼女が言った。「電話が鳴ってるみたい」。…ほどなく彼女が戻ってくると，彼は狂おしい情熱のうちに彼女の声を耳にした。／「ごめんなさいね，フェザリーさん」と彼女は言う。「お気の毒だけど，私もう婚約しちゃったの。サンプソンさんにあなたがここにいるって言ったら，彼が急いでプロポーズしてきたの」。〉

21世紀の今日では，メールでプロポーズも珍しくないのかもしれない。が，19世紀末において，電話という〈恋の振る舞いにおける新奇な様式〉は，〈子どもたちが家庭のなかから踏み出して異性とのあいだにしかるべき関係をつくりだしていくさいの，伝統的なプロセスを揺るがすものでもあった〉。

トリックとしてのエレクトリック

もちろん，この節の冒頭でも述べたように，こうした19世紀末の「電気をめぐる混沌」や「ニューメディア騒動」は，われわれとまったく無縁なものではない。

本書では，当時もっとも注目を集めエレクトリシャンの一人としてニコラ・テスラが挙げられ，自身の体に通電させることで指先に炎をともすパフォーマンスで人気を博したと紹介されている（ハンガリー生まれのテスラは，先述のテレフォン・ヒルモンドにも関係していた）。電気技術者にも科学者にも収まりきらなかったエレクトリシャンたちは，時にはマジシャンのごとく人前で振舞ったりもしたのである。ニコラ・テスラに対し，オウム真理教が強い興味を示していたことは記憶に新しい。また，テスラと対立したエジソンにしても，晩年は霊界との通信に強い興味を示していたという。書店に積み上げられている「霊言本」などをみると，老エジソンの妄執を過

去の遺物として一蹴するわけにはいかない。

　また，この時期のメディア・テクノロジーが，その後のマス・コミュニケーションのあり方に与えた影響について，マーヴィンは次のように述べている。

　〈つまるところ，テレビは無線電信やキネトスコープの所産であるのとまったく同様，電光の所産でもあったのである。また，電話がネットワーク型の番組放送システムの直接の祖先であったのとやはり同様に，電光は放送される画像コンテンツの直接の祖先であったのである。今日のテレビ・スペクタクルにおける刺激的な視覚効果や並はずれてスケールの大きな興奮からもたらせるのと同様の感覚的な衝撃力が，十九世紀末には，ほとんど同様の目的にそって電光のなかに感じとられていたのであった。〉

　テレビは，映像を伝送する技術としては無線電信（電波）を，光源と人の眼の間に動画像を提示しようとした点ではキネトスコープを引き継いでいる。常識的に考えるとテレビの前提となるメディアは映画なのだろうが，もともと映画はスクリーンにフィルムを投影するものであって，光を見つめるものではない。マーヴィンが，テレビを電光・電飾のスペクタクルの系譜の上においたことは注目に値する。われわれは映画というコンテンツを，テレビ番組として，もしくはテレビをモニターとして見ることに慣れているため，映画とテレビとのメディア・テクノロジーの相違に鈍感になっているのではないだろうか。そして，テレビジョンという「新しいテクノロジー」が登場した際のリアリティを忘れ去っている，もしくはとらえ損ねているのではないだろうか。

　2011年の今，さまざまな既存メディアが，iPadやiPhoneといった新たなメディアを自らの系譜の上に位置づけようとしている。書

籍，新聞，雑誌，テレビ，ラジオ，ひょっとしたらケータイ，ゲーム機，カーナビ，携帯音楽プレーヤー etc., さらに次々と登場してくる多様なガジェット。果たして，どれが無事「古いメディア」として勝ち残るのだろうか。

キャロリン・マーヴィン（Carolyn Marvin）
　アメリカのメディア史研究者。ペンシルヴァニア大学アンネンバーグ校にてコミュニケーション論を講じている。他にデイヴィッド・イングルとの共著書『血の犠牲と国家　トーテム儀礼とアメリカ国旗』（未邦訳）などがある。

参考・関連文献
　ウォルフガング・シヴェルブシュ『闇をひらく光　19世紀における照明の歴史』（小川さくえ訳，法政大学出版局，1988年）
　近森高明『ベンヤミンの迷宮都市　都市のモダニティと陶酔経験』（世界思想社，2007年）
　橋爪紳也，西村陽編『にっぽん電化史』（日本電気協会新聞部，2005年）
　山本武利，津金澤聰廣『日本の広告　人・時代・表現』（世界思想社，1992年）

水越伸

『メディアの生成　アメリカ・ラジオの動態史』

同文舘，1993 年

——かつて，ラジオはラジオではなかった——

「ところがや／技術だけでは／波には乗れんのや！」
（藤村 ZEN，藤下真潮，THE SEIJI『WAVE』1 巻，秋田書店，2008 年）

　日本でラジオ放送が始まる前年の 1924 年。大阪の広告代理店，萬年社が発行した『廣告年鑑』第一巻において「ラヂオ廣告」は，無線電話によって放送される広告と説明されている。当時は電波で音声をやり取りすること全般が，「電話」と理解されていたのであろう。
　一方 1960 年代初頭，「市民ラジオ」の名のもと，どう見てもトランシーバーないしウォーキートーキーとしか思えない商品がテレビ CM に登場していた（高野光平，難波功士編『テレビ・コマーシャルの考古学』世界思想社，2010 年）。トラック野郎たちが愛した CB 無線も，Citizen's Band（市民ラジオ）に由来している。要は，ある時期まで電波を飛ばすことすべてが，ラジオと捉えられていたのである。ラジオが自明に「一方向的なマスメディア」としてあり，物心ついた頃には各家庭に電話線が引かれていた世代には，なかなか理解しがたいことなのだが。
　そしてさらに若い世代にとってみれば，無線電話である「ケータイ」はあって当然のものであり，ワンセグ放送など「無線電話によ

って放送される」事態は当り前のことと化している。1924年と2011年とが近しく感じられるという奇妙な現象の裏には、過去と現在の間に何らかのミッシング・リンクが存在するのであろう。大量伝達(マス・コミュニケーション)・大量消費・大量生産の母国であるアメリカを舞台に、20世紀前半のメディアの興亡を描いた本書は、そのリンクを探すための格好のガイドブックと言える。

無線からラジオへ

　居ながらにして外国の事物や出来事を見たい、遠くにいる人と会話したい、音を記録して誰かに聴かせたい。20世紀初頭、世界各地で多くの「エレクトリシャン」たちが、さまざまに想像力を働かせながら、新たな技術の開発・改良に取り組んでいた。

　特に第1次世界大戦中に活躍した無線通信士たちは、歴戦のヒーローであり、〈先端テクノロジーの担い手であり、技術を駆使して社会のために貢献することは、男らしさの象徴として人々の目に映った〉。復員したアマチュア無線家たちの夢は、無線電信から無線電話へと広がっていく。彼らは当然、受信だけでは満足せず、送信機を操ろうとする人々であり、必要に応じて機器の自作や改造も辞さない人々であった。

　こうした草の根の盛り上がりを前にして、電話会社としてすでに独占的な地位を築きあげていたAT&Tも、1920年代には放送事業へと乗り出してくる。当初AT&Tが構想した「有料放送」においては、〈人々は、まるで公衆電話をかけるようにして無線電話局を訪れ、無線電話機を使うだろうと想像されていた。そこで放送されるのは、契約者たちが流したい自由なメッセージであり、その内容にAT&Tは立ち入らない〉。だが、契約者の大半が企業であり、

届けたい内容がPRや商品宣伝がほとんでであることが明らかになるにつれ、この「有料放送」システムは再考を迫られることになる。〈送り手は、ただたんに無線電話施設を賃貸するのではなく、積極的に番組を制作し、送りだす作業に従事しなければならなくなってきた〉。しかるべきコンテンツに広告が付随するという、今日的な放送の仕組みが成立していったのである。

〈一九二二年以降、消費財としてのラジオの生産が工場において可能になると、それらにはラウド・スピーカーが装備されるようになった。ラジオは「音の出る箱」となった。リビングに置かれたこの箱のまわりには、家族や隣近所の人たちが集い、番組を楽しむという新しいコミュニケーション行動が成立した。ラジオは、マス・メディアとなったのである。〉

こうしたラジオには、当然のことながら送信機能はついていない。双方向的に人と人とをつなぐことに慣れていたAT&Tにとって、一ヶ所から不特定多数へと波及していくマス・コミュニケーションは守備範囲にはなかった。かくして1926年に、AT&Tは放送事業から撤退する。だが、ラジオ・ブーム自体はさらに過熱していき、開局ラッシュは加速していく。その結果、「電波が混みあう」こととなり、混信が大きな社会問題となった。こうした問題を解決するために、また電波の軍事利用の便宜のために、放送法の体系や制度が整備されていく。巨大な企業や国家が介入してくる中で、無線技術はアマチュアたちの手から離れていったのである。

ラジオ黄金期

男たちのひそかな楽しみであり、一種の対抗文化(カウンターカルチャー)であった無線通信は、1920年代の消費社会の勃興とともに、大衆文化(マスカルチヤー)の中核に

あるラジオへと収斂していった。それは，男たちの工具に満ちたガレージからリビングへ，男たちの玩具としてのガジェットからマスメディアへの移行であった。一方，無線で会話する文化は，ハム（アマチュア無線）などの世界で細々と生き残り，長らく雌伏の時代を迎えることになる。

こうしたマスメディアとしてのラジオの急速な発展にともない，それを批判する言説もさまざまに提出されていった。

〈蓄音機や自動ピアノ，そしてラジオといった音楽の複製技術の発達にともなって，高尚な「本物」の音楽のコピーが，リビングへ，ダンス・ホールへと浸透することになったのである。「アウラの消失」であった。それだけではない。ラジオは，高尚なクラシックも，流行のスウィングも相対化して聴取するという，新しい経験を人々にもたらすことになった。トスカニーニが指揮し，NBC 交響楽団が演奏するモーツアルトやバッハは，スポット・ライトを浴びてトランペッターやクラリネット奏者が交互に立ち上がり，曲のテーマをめぐって即興演奏をくり返すベニー・グッドマンのホット・ジャズと同じように，時間枠によって切りそろえられて番組となり，プライム・タイムの編成の帯のなかに埋めこまれることになったのである。〉

だが，第2次世界大戦へと時局が暗転する中で，ラジオはポピュラー・ミュージックなど娯楽としてのメディアから，報道のメディアへと重心を移していく。

〈それまで，音楽やソープ・オペラ，バラエティを楽しむためにあったピカピカ光るラジオという木箱の前で，人々はニュースを聴くために息をひそめるようになった。ネットワークは戦争をきっかけにニュース番組の枠を増やしていく。とくに CBS は，ちょうど

衛星コミュニケーションによって台頭してきた現在のCNNのように，ラジオ・コミュニケーションを積極的に活用しはじめていたのである。〉

　もちろん映画"ラジオ・デイズ"（ウディ・アレン監督，1987年）にあるように，戦時中もラジオは人々に夢を与え続けた。そして戦後，ラジオは再度大衆娯楽の中心として輝きを増していく。ウディ・アレンのようなニューヨーカーに限らず，当時淡路島に住んでいた深田公之少年にとっても，ラジオは夢の玉手箱であった（阿久悠『ラヂオ』日本放送出版協会，2000年）。

　しかし，やがて人々は〈ピカピカ光るラジオという木箱〉よりも，ピカピカ光るブラウン管の前へとシフトしていく。

テレビジョンからテレビへ

　遠くを見たい（tele + vision）という技術的な欲求は，19世紀末から多くの発明家たちを衝き動かしてきた。それは音声を遠くに届けたいという欲求とは別個に存在し，独自な発展を遂げていた。

　だがtelevisionの欲求は，最終的にはラジオの巨大ネットワークの主導のもと具体化されていった。〈一九四一年七月一日から，ニューヨークでCBSが所有していたWCBW，NBCのWNBTがNTSC方式のテレビジョン放送を開始した〉。ラジオを経営的な母体としたがゆえに，当然テレビジョン放送もコマーシャル（商業的）なもの，要するに広告収入に支えられるものとして展開されていく。だが，放送＝ラジオだった当時，放送業界に映像ソフトを手がけるノウハウは，当然のことながら皆無であった。それゆえテレビ番組制作の多くは，ハリウッドに依存していくこととなる。

　その後のテレビジョン放送の快進撃については多言を要しまい。

遠くを見たい（tele + vision）という技術的な衝動は，さまざまな紆余曲折を経て産業化されていき，「テレビ」という形式を与えられて，人々の日常生活の中に定着していった。広告媒体としても，テレビはラジオを圧倒していく。そして本書の終章は，そのテレビの地位を脅かすものの台頭についてふれている。

〈マイコンがはじめて世の中に出てきた一九七〇年代なかば，それはまだ，むきだしの基盤と配線の塊のようなものだった。一九七六年，スティーブ・ジョブスとスティーブ・ウォズニアックは，それまで組み立てキットとして販売されていたこのマイクロエレクトロニクスのおもちゃを，あらかじめ組みたてて売りだすことを思いつく。…アップル社のはじまりである。…ふたりは，文字どおりガレージ・セールスから出発し，アメリカン・ドリームを手に入れる。〉

むきだしの技術を，どのようパッケージ化し，産業化するのか。いわば「技術を飼い慣らす」過程に成功した者たちの系譜が，メディアの歴史のようにも思えてくる。だが，終章の最後は次のような言葉で結ばれている。〈メディアは，世界を枠付ける道具であると同時に，私たちが世界にはたらきかけるための道具として機能していくような多義性をもたなければならない。…ふたたび起こりつつあるメディアの生成の場をただ眺めているだけではなく，私たちは主体的に参加していかなければならない〉。

メディアの生成の場とは，〈さまざまな人々や集団の，産業・制度的，社会・文化的な意図や活動が多元的・重層的に交錯しあう，いわば社会そのもののなか〉にあり，そこでは〈いくつものメディアがたがいに相関しあいながら，数多くの可能性をはらんで展開〉している。そこに主体的に関与すべきと宣言した水越のその後の軌

跡は，メディア・リテラシーとの独自なかかわり方を示し続けた著作群でフォローできる。

水越伸（みずこし・しん，1963- ）
　現在，東京大学大学院情報学環・学際情報学府教授。著書に『デジタル・メディア社会』（岩波書店，2002 年）『メディア・ビオトープ』（紀伊國屋書店，2005 年），編書に『コミュナルなケータイ』（岩波書店，2007 年）などがある。

参考・関連文献
　フレデリック・アレン『オンリー・イエスタデイ　1920 年代・アメリカ』
　　（藤久ミネ訳，ちくま文庫，1993 年）
　R・リンド＆H・リンド『ミドゥルタウン』（中村八朗訳，青木書店，1990 年）
　パトリス・フリッシー『メディアの近代史　公共空間と私生活のゆらぎのなかで』（江下雅之，山本淑子訳，水声社，2005 年）
　木村哲人『真空管の伝説』（筑摩書房，2001 年）

クロード・S・フィッシャー

『電話するアメリカ　テレフォンネットワークの社会史』
America calling: A social history of the telephone to 1940, 1992

吉見俊哉ほか訳，NTT出版，2000年

——電話に何のご用でしょうか——

「どこかで電話が鳴っている。／人の気配がする」
(吉野朔実『瞳子』小学館，2001年)

　矢野顕子に「電話線」という名曲がある。ただし，今その歌詞がじゅうぶんに共感・理解されるかは，はなはだ疑問だ。なぜならこの作品は，電話といえば固定電話で，人々の声を相互に届けるものは電話線だと皆が思っていた時代の産物だからである。
　本書では，そうした「電話線全盛期」に至るまでの紆余曲折が語られている。その立場は明快で，何らかのテクノロジーが社会に定着するあり方の決定は，そのテクノロジー自体の属性に起因するのではなく，〈利害を異にする勢力のあいだで繰り広げられる闘争と折衝のプロセスが，新しい技術の運命を左右する〉という「社会的構築主義」である。
　〈発明家に投資家，競合相手，組織された消費者たち，政府機関，メディア，その他の諸々の勢力が，一つの新機軸をどう発展させるかで衝突し，抗争する。このプロセスを経て出てきた結果が，新しい技術に特有の定義意味と構造を与えるのであり，おそらくこのプロセスで技術は「再発明」されてすらいるのである。…だからこそ，同じ発明でも国によって異なった歴史をもつことになるのだ。〉

クロード・S・フィッシャーは，もともとは都市社会学者。都市での人間関係，人々のつながりを考察するうちに，都市・農村での電話普及の歴史研究へといたった。

実用性から社交性へ

フィッシャーは，諸々の勢力の中でも，消費者・ユーザーにスポット・ライトを向ける。まず電話のセールスマンたちは〈第一次世界大戦を通じ，都会のアメリカ人に電話の基本的な利用法を二つ提示した。第一に電話は，事業経営とビジネスマンの関連活動に役立つ。そして第二の利用法として，家庭の管理役たる主婦が，電話を家事の切り盛りに使う。…電話はあくまでも，実用的な目的達成のための実用的な装置だったのである〉。だが〈一九二〇年代になると，業界はもう一つの理由，すなわち社交性を強調し始めるのだ。つまり，電話は友人や家族と会話をするのを容易にしてくれるというわけだ〉。

たとえば1910年代の電話回線の広告コピーは，次のようなものであった。〈「いざというときに」――緊急のときに，ビジネス連絡が届く 「ビジネスの競合相手」は，あなたの顧客をもっていってしまう／「ビジネスに先立って」――約束をとりつけることで時間の節約〉などなど。だがやがて電話会社の広告は，娘の声がクリアに聞こえることを喜ぶおばあちゃんや，電話を囲んでくつろいでいる若い男女を描くようになっていく。

〈電話業界がなぜ，いかにして社交性を発見したのかという物語は，テクノロジーの普及とはいかなることなのかについてのいくつかの教訓を与えてくれる。この教訓が示唆しているのは，ある技術を普及させようとする人びとが，必ずしもその最終的な利用法を知

っているとはかぎらないということである。彼らは，彼らのテクノロジーがちょうどうまい解決法となってくれるような問題や必要を探し求めるのだが，実のところは消費者こそが新しい利用法を開発し，なにが優勢になるかを最終的に決めているのだ。〉

　そして，電話サービスの魅力の訴求方法が変化するだけではなく，電話の普及のあり方も，けっして一本道の発展を遂げてきたわけではなかった。〈一九二〇年代のあいだに，農村電話では一四パーセントの落ち込みがみられた〉。その背景には，1920～30年代の農村の経済危機があるのだが，フィッシャーは次の二点を指摘する。

　〈一つ目は新しい環境的な条件の出現である。あふれるほどの自動車，舗装道路，ラジオ，そして第一次世界大戦以降に登場したテクノロジーの数々。いくつかは，直接，電話の代替品となり，電話はほかのテクノロジーと農民のドルをめぐって競合することになった。二つ目は，いわば業界の政治経済学の変化である。農村の電話が最も興隆をみせたのは，競争が激しかった時期だった。業界が成熟し，規制を受け入れた独占状態に入ってから，会社は農民への関心をなくしてしまった。勧誘のための低料金や相互システムへの技術面での支援，積極的な売り込みなどは姿を消してしまったのである。〉

　そして都市の労働者階級へも，電話業界のアプローチは遅れた。AT&Tの独占がすすんだ電話業界に対して，自動車セールスは各社の競合関係の中，毎年のモデルチェンジや魅力的な広告キャンペーン，便利なクレジットを繰り出してくる。道路網の整備を含め，自動車産業への国家的な支援もふくらんでいった。〈実用面でも社交面でも，車のほうが圧倒的に使いでがあった〉。年配者へのインタビューでも，特に男性たちは〈自分の自動車を思い出しては，当

時の熱狂を語ってくれた。…電話を使っていて心躍ることなどなかったようである〉。

こうした「電話と自動車の互換性」といった発想も、テクノロジーそのものへの注視だけでは、出てこない発想であろう。消費者たちは、限られた収入の中で、家の奥にある電話よりも、自動車というより「目立つ」商品を選好していったのである。

ローカリズムとジェンダー

そしてフィッシャーは都市社会学者らしく、電話や自動車の普及が地域の結びつきをいかに変えたかを、カリフォルニア州中西部の三つの町をとりあげ、詳細に検討していく。

まず、ローカリズムは〈地域が住民たちの生活を、仕事から個人のつながり、政治参加、アイデンティティを含む全般にわたって結びつけ、境界づけ、分割する程度に応じて定義される〉。そして、われわれは通常〈部外者が町の経済を握れば、…住民の関心がコミュニティの外に向けば〉ローカリズムの喪失と考え、また〈電話が——自動車、ラジオ、映画なども——、この喪失に貢献したと主張することで、たいていのローカリズムとテクノロジーの関係をめぐる物語はできている〉。だがフィッシャーは以下のように結論する。

〈たしかに電話と自動車は、アメリカ人がより頻繁かつより簡単に地元以外の活動に参加することを可能にした。…人びとは、遠く離れた親族に電話をし、行楽地へ盛んに旅行するようになり、スポーツ・チームの試合を先々まで応援に行くようになった。しかし同時に、地元以外ほどではないにせよ、アメリカ人は電話や自動車を使って地域での活動も増強していったようにみえる。たしかに変化のバランスはより広い世界へと向いているが、この変化は決定的な

第1部　メディアの生成

ものではなく，むしろ社会活動の総量が増えたことのほうが本質的な意味をもっていた。〉

　一方，電話とジェンダーの関係については，女性は話好き（talk-ative）という常識的な見解を支持している。

　〈女性たちは，二〇世紀初頭から電話を使い始め，男性より積極的に欲しいものを求めて電話を使いこなした。欲しいものとは，会話である。その証拠に，人びとにとって電話を使うことは苦痛どころか喜びで，とくに女性たちは楽しいと表現していた。…これは，ある機械がその性質から男らしいと思われていたのが，むしろ男性はしりごみしてしまい，女性がそこに意欲的に関わってそもそもの目的を変えてしまった実例だといえる。〉

　おおむねフィッシャーは，電話は徐々に必需品となっていったが，それが人々や地域のあり方を根本的に変えてきたわけではないと主張する。それは〈マーシャル・マクルーハンの信奉者や，地方の生活改善論者や，AT&Tのコピーライター〉が唱えたことよりは，穏当だがやや退屈な結論かもしれない。だが，「煽る」タイプのメディア論が多い中，こうした着実な議論は，逆に刺激的なのではないだろうか。

　もちろん，この研究がなされた1980年代，とりわけ本書が刊行された1992年頃から，電話をめぐる環境やテクノロジーは激変しはじめ，フィッシャーの穏当な議論はかき消されていったかのようでもある。本書の結びでは，留守番電話の登場によって〈呼び鈴がしつこくて，すぐに出なくてはと思うため，いつもつねに緊張を強いられ〉ていた状態から，〈呼び鈴を無視してもよくなり，しかもメッセージを逃さずにすむ〉よう変化したことが言及されてはいる。だが，〈留守番電話が最終的に社会のなにを変えたのかを考察する

にはまだ早い〉と，フィッシャーはあくまで慎重である。

18Q4 のパラレル・ワールド

久しぶりに『電話するアメリカ』(初版第 1 刷) を読み返して，驚かされたことがあった。

第 2 次世界大戦までのアメリカ電話史をサーベイした第 2 章の第 4 節は，「自由競争時代———一九八四年から第一次世界大戦まで」となっている。だが内容としては，1894 年頃ベル社（AT&T の前身）の特許が切れ，その独占状態が終わったことで，全米で数多くの電話に関するベンチャー企業が登場した様子が記されている。どう考えても，これは「一八九四年から第一次世界大戦まで」の誤植であろう。

だが村上春樹『1Q84』（新潮社，2009〜10 年）などを横目で見たとき，本書が 18Q4 年からのパラレル・ワールズの分岐とその収束の物語とも読めてくる。もし多くの電話会社が生き残り，競争を続けていたのならば，もし AT&T がラジオ放送から撤退せず，無線電話の可能性を追い続けていたのならば，もし肉声での会話よりも，電信での文字情報のやり取り（今日の電子メールのように）へと技術開発が集中していれば，もし世界大恐慌が起こらなければ，もし T 型フォードが生まれなければ，もし，もし，もし…と想像は広がっていく。

だが，現実には AT&T は電話線で会話を届けることに注力し，電話は，水道・電気・ガスのようにあって当たり前，それゆえあまり誰もその存在を意識しないインフラの一つとして定着していった。一方日本では，逓信省や電信電話公社が電話線敷設を担ってきた。本書には 'The Telephone Unites the Nation' といったコピーを掲

げた AT&T（アメリカ電電！）の広告なども引用されているが，まさしくこのコピーこそが日本電信電話公社の使命だったのだろう。しかし，電電公社が NTT になった 1985 年以降，電話は空気のように存在するインフラではなく，何かと物議を醸す話題の的——いわば地から図への反転——となっていった。

1Q85 年からの騒動は，まだまだ一つの世界へと収斂しそうにはない。何十年後かの第二のフィッシャーの登場を期待しよう。

クロード・サージ・フィッシャー（Claude Serge Fisher, 1948- ）
　カルフォルニア大学バークレー校社会学部教授。都市における社会的ネットワークの研究として『都市的経験』（松本康，前田尚子訳，未來社，1996 年）などがある。

参考・関連文献
　フィッシャー『友人のあいだで暮らす　北カリフォルニアのパーソナル・ネットワーク』（松本康，前田尚子訳，未來社，2002 年）
　松田裕之『電話時代を拓いた女たち　交換手のアメリカ史』（日本経済評論社，1998 年）
　藤井信幸『テレコムの経済史　近代日本の電信・電話』（勁草書房，1998 年）
　吉見俊哉『「声」の資本主義　電話・ラジオ・蓄音機の社会史』（講談社選書メチエ，1995 年）

ヴィレム・フルッサー

『写真の哲学のために』
Für eine Philosophie der Fotografie, 1983

深川雅文訳, 勁草書房, 1999年

———画像, テクスト, テクノ画像———

「知らない／おっさんじゃ／ない…／この人／あたしたちの／お父さんだよ…」
　　　　　　　　（吉田秋生『蟬時雨のやむ頃』海街diary1, 小学館, 2007年）

　柴崎友香『その街の今は』(新潮文庫, 2009年)の主人公・歌ちゃんは, OLをしていた会社が倒産し, 大阪本町あたりのカフェでアルバイトしている28歳。恋愛も家族との関係も何となく宙ぶらりんな状態。趣味は大阪の古い絵葉書や写真の収集。ふだん見慣れた街の界隈に, かつてはこんな光景が広がっていたのかと胸をときめかせ, 過去の街並みを現在のそれに重ね合わせることで, よりいっそうこの場所が愛しいものになっていく…。あたり一帯が根こそぎ再開発されていく首都圏とは違い, 街の片隅に過去の痕跡が息づいている関西ならではの小説かもしれないが, 古い写真を見たときの不思議な感じは, 誰もが大なり小なり経験したことがあるのだろう。
　そうした写真をめぐる情動を, 『写真の哲学のために』は短いエッセイながらも, コミュニケーションの歴史の壮大なストーリーへとつなげて考察している。フルッサーは『テクノコードの誕生』(村上淳一訳, 東京大学出版会, 1997年)において, コミュニケーションの人類史を体系的に講じてみせているが, ここではこのウィットに富んだ小品を取り上げ, 写真というメディア生成のインパクト

を確認しておきたい。

線形的と魔術的

　まず，フルッサーの歴史認識を端的に示した一節を引いておこう。
〈テクストは，紀元前二〇〇〇年前に発明され，そのとき，たとえその発明者が意識してはいなかったにしても，画像から魔術的な力を奪い去りました。写真は，最初のテクノ画像として，19世紀に発明されますが，たとえその発明者が意識していなかったにしても，テクストを再び魔術で満たしたのです。写真の発明は，文字の発明と同じくらいに決定的で歴史的なできごとでした。〉
　ここでいう魔術とは，〈同一物の永遠回帰に対応する存在のあり方〉と用語解説されている。旧石器時代の洞窟画や信仰の対象となってきた偶像などは，かつてそこにいたものの記録ではなく，つねにそこで顕現する動物や神であった。だが，聖書（テクスト）にもとづく偶像崇拝の否定などを経て，〈魔術の持つ円環的な時間〉は，〈歴史の持つ線形的な時間にコード化〉されなおすこととなる。線形的（linear）とは時間軸にそって一方向的に物事が進むこと，コードとは，〈規則的に秩序づけられた記号の体系〉と大まかに理解しておこう。要するに歌ちゃんは，それが「画像」であるがごとく古写真に接し，その魔術に心を奪われたのである。
　またここでいう「テクスト」が文字記号の連なりであるのに対し，「テクノ画像」は，装置によって作り出される画像と用語解説されている（さらに装置とは，思考をシミュレートする玩具を意味する）。たとえば，今ここに駐車のためのスペースがあったとしよう。その具象的な世界を記号化しようとする際，画像のレベルでは「自動車の絵」ということになる。テクストのレベルだと，日本語では「駐

車可」、英語では「Parking permitted」、ドイツ語だと「Parken erlaubt」。そしてテクノ画像のレベルだと、Ｐのマークがそれにあたる。われわれは往々にしてＰ（テクノ画像）を具象的な世界やテクストから派生した枝葉末節として、軽く考えがちである。だが果たしてそうなのだろうか。フルッサーは言う。

〈現実的なものとは、外にある世界ではなく、装置のプログラムの内にある概念でもなく、まずは写真です。世界と装置のプログラムは、画像にとって前提にすぎません。世界と装置のプログラムは、現実化されるべき可能性なのです。ここで、意味のベクトルの転倒が問題になります。意味（指し示されるもの）ではなく、指し示すもの、つまり情報、シンボルが現実的なのです。〉

たしかにクルマを止めようとした時、まずわれわれが探すのはＰであり、Ｐが駐車すべきスペースを表象しているというよりは、Ｐと駐車スペースとは相即的に（simultaneously）そこに見出されていくのである。

写真を撮ること／写真を見ること

こうした事物と記号の転倒の具体例として、本書では新聞（報道写真）が引かれている。

〈歴史の流れのなかでは、これまではテクストが画像を説明したのですが、今では、写真が記事を図解するのです。ロマネスクの柱頭（そこには聖書の物語を主題にしたレリーフなどが彫り込まれていた）は、かつて聖書のテクストにとって役に立ち、新聞記事は写真の役に立っています。聖書はその柱頭から魔術を取り除いたのですが、写真はテクストをあらためて魔術化します。歴史の流れのなかでは、テクストが支配的だったのですが、現在は画像が支配的です。〉

レバノン紛争の写真を例に挙げれば、〈その写真でさまざまな原因と結果を持っているレバノンの歴史的なプロセスを認識するのではなく、私たちがそこで認識するのは魔術的な連関なのです〉。
〈写真によって私たちは概念的で説明的な思考の必要性から解放され、たとえばレバノン紛争の原因と結果をたどるわずらわしさが取り除かれるからです。私たちは、自分の目でその画像の上に、その戦争がどのようなものであるのかを見ます。しかし、そのテクストはと言うと、それはこうして私たちが見るための使用説明書のようなものにすぎないのです。／レバノン紛争の現実、そしてあらゆる現実がおしなべて画像の中にあります。〉
フルッサーは、写真を撮るという行為に関しても、〈写真行為では装置は写真家がしたいと思うことを実行し、写真家は装置が可能にするものを実行します〉〈撮影すべき「対象」の選択は自由ですが、その選択は装置のプログラムの機能のなかでの選択なのです〉と述べている。また多くのアマチュア・カメラマンたちは、カメラのブラックボックス化を歓迎し、〈自動化をさらに完全なものにすることで、自分がはたす機能をより一層単純なものにしようとし〉、そうした気楽な撮影者たちは〈写真を自動的に模写された世界だと信じ〉〈誰もが写真を解読しなければならないなんて不必要なことだと信じている〉。要するに自由な主体が、カメラという道具を思いのままに操り、写真を撮っていくのでもなければ、一葉の写真を自在に読み解いていくわけでもないのである。写真装置というメディアは、人々ないしは社会に外在してあるわけではなく、それらと不可分に深く組み込まれたものだというフルッサーの主張は、本章までにとりあげてきた著作群とも共鳴する点が多々あるだろう。
そうした現状に対してペシミスティックな口ぶりを示しつつも、

本書は次のような希望の言葉で締めくくられている。

〈写真の哲学が必要なのは、写真の実践を意識に浮上させるためです。加えて、写真の哲学が必要なのは、この実践のなかでポスト産業時代の文脈のなかでの自由のモデルが現れるからです。プログラム化されつつプログラム化する、さまざまな自動装置の領域では、人間の自由の余地はないのだということを写真の哲学は暴露しなければなりません。そして、それは最終的には、そうであるにもかかわらず、いかにして自由の場所を切り開くことが可能であるのかということを提示しなければなりません。〉

写真が紙切れでなくなるとき

この本が1983年に書かれたことを、〈写真は、今、電子工学技術によって恩恵を受けようとしているところですが、さしあたってはまだ一枚の紙切れです〉の一文は如実に示している。またフルッサーは言う。

〈権力の所在は、物を所有しているひとからプログラムするひとや操作を行うひとへと移行しています。…写真家は彼の写真を見るひとびとに対して権力を持ち、彼らの態度をプログラム化します。また、装置は写真家に対して権力を持ち、彼の行為をプログラム化するのです。事物的なものから記号的なものへ権力の向きが変わったということは、実際、私たちが「情報化社会」とか「ポスト産業主義的帝国主義」と呼ぶものを特徴づけています。日本を見てみて下さい。…その国力はプログラム化、「データ処理」、情報、そしてシンボルに基づいているのです。〉

1983年にファミコンはまだこの世に存在しないにしても、トランジスタ・ラジオからウォークマンにいたる、エレクトロニクスに

長けた不思議の国、日本。当時はまだ、ジャパン・アズ・ナンバーワンの神話がそれなりの信憑性を有していた。その後、そうした地位は東アジアの国々へと交替していく。コンピュータやそのネットワーク化において、アメリカという「ポスト産業主義的帝国主義」に追随するのが精一杯の日本という2011年を、さすがのフルッサーも予測しえなかったのである。

　しかし、写真を「まだ一枚の紙切れ」と言い切るあたりに、フルッサーの先見の明は十二分に感じられる。そして次のような件は、彼の予言者としての資質をいかんなく発揮していると言えそうである。

　〈テクノ画像は、すべての歴史を自分の中へ吸い込んで、永遠に回帰する社会の記憶をかたちづくるのです。…テクノ画像を意識してはいない芸術的、学問的、あるいは政治的な活動もそれには抵抗できません。写真に撮られたり、映画に撮られたり、ビデオに撮られようとは思わない日常のふるまいもそれには抵抗できません。…今日、すべてのできごとはテレビのブラウン管、映画のスクリーン、そして写真を目指していて、それによって、自分自身を事態へと翻訳しています。〉

　「ブラウン管」という表現に古色蒼然たるものを感じつつも、アニメ番組に由来する「コスモクリーナー」を実際につくりあげた人々や、大統領候補者が'CHANGE'と語った翌年の「政権交代」キャンペーンなどのことを考えると、こうした指摘にあるリアリティを感じざるをえない。もう少し日常的なレベルでも、なぜプリクラを撮るときのポーズは画一的なのか、通常の会話においてもテレビのバラエティ番組のような役割分担を暗に要求されるのか…。われわれの行動の多くは、テクノ画像に準拠しているのである。

印画紙に焼き付けられた写真は、まだしもオリジナル（ないしはリ・オリジナル）な雰囲気を漂わせていた。だが、テクノ画像とその流通のほとんどが、デジタル・データのやり取りとなりつつある今、どのような「コード」の書き換えがなされようとしているのだろうか？

ヴィレム・フルッサー（Vilém Flusser, 1920-1991）
　チェコ・プラハのユダヤ人家庭に生まれ、イギリス・ブラジル・イタリア・フランスなどで研究生活を続ける。他に邦訳書として『サブジェクトからプロジェクトへ』（村上淳一訳、東京大学出版会、1996 年）がある。

参考・関連文献
　ピエール・ブルデュー『写真論　その社会的効用』（山縣煕、山縣直子訳、法政大学出版局、1990 年）
　ロラン・バルト『明るい部屋　写真についての覚書』（花輪光訳、みすず書房、1985 年）
　ジェフリー・バッチェン『写真のアルケオロジー』（前川修ほか訳、青弓社、2010 年）
　多木浩二『写真論集成』（岩波現代文庫、2003 年）

前田愛

『近代読者の成立』

有精堂出版，1973年（岩波現代文庫，2001年）

——読書が騒がしかった頃——

「その日のめし／タバコ　デザート／酒代　読み物を／確保する」
（吾妻ひでお『失踪日記』イースト・プレス，2005年）

　フルッサーの言う「テクスト→テクノ画像」の遷移は，そう容易な行程であったわけではない。日本文学を専門としていた前田愛は，書物というメディアを「文字の文化」と決めつけずに，それが声の文化と密接に連関していたことを解き明かしていった。「音読から黙読へ」の章の冒頭には次のようにある。
　〈現代では小説は他人を交えずひとりで黙読するものと考えられているが，たまたま高齢の老人が一種異様な節廻しで新聞を音読する光景に接したりすると，この黙読による読書の習慣が一般化したのは，ごく近年，それも二世代か三世代の間に過ぎないのではないかと思われてくる。〉
　こうした読書の実態のみならず，日本の近世から近代にかけて，新聞・雑誌・書籍などのメディアの製造・流通の実際を克明に調べ上げ，テクストがどのように人々に享受されてきたかを前田は追い続けた。文学研究者が，文学作品の成り立ちを明らかにするために，文学作品以外のテクストに丹念にあたっていく。そうした研究手法の先駆として，この『近代読者の成立』は読み継がれていくべき書

物であろう。ぜひ，積ん読から熟読へ。

明治初年の読者像

　前田によれば，明治10（1978）年の新聞記事に〈山城国紀伊郡横大路村の梅木治三郎は早く開化にしたいとて近所のものを集めて深切に新聞の講釈をして聞かせるのはいかにも感心でござります〉とあるという。こうした新聞の講読会はさまざまなグループによって行われ，その講釈ないし説教のスタイルを文体に取り入れたのが，いわゆる「小新聞」であった。漢文調の大新聞は，自由民権などの政論を中心とした新聞であるのに対し，江戸以来のかわら版の系譜を引く小新聞は，フリガナつきで平易な口語体を基調としており，広く一般大衆に親しまれていた。まだまだ人々の読み書き能力の低かった当時，新聞は読むだけではなく，語られるべきものだったのである。そして前田は，小新聞と合巻（江戸後期に流行した絵入りの読み物である草双紙の一種）の版元が密接に連関していたことも明らかにしている。

　また，明治11（1979）年の新聞記事に〈近ごろ新聞雑誌が流行にて絵草紙屋にも余ほど響くとかいふが或る貸本屋の話しに凡そ悪いものは新聞屋で新聞紙が出来てからは花主が半分に減じてしまつた〉とあるという。木版から活版へという印刷技術の革新は，戯作者たちを小新聞へと向かわせ，江戸以来の貸本屋を凋落させていった（その後，再度貸本屋という業態が浮上するのは1950年代のことだが，この時もテレビの普及などによって貸本屋は駆逐されていく）。また活版本の登場は，書籍の価格を下げ，一般家庭への書物の普及に寄与することになる。

　木版印刷の時代には〈家族めいめいの蔵書が区別されていること

は稀で，家族共有がふつうだった〉として，前田は1880年生まれの社会運動家・山川均の自伝から，以下のような少年時代への追憶を紹介している。

〈田舎ではまだ活版時代の新しい本屋は生まれていなかった。それで小学校のころ，私は新聞の広告を見て，博物の書物がほしくなり，わざわざ東京の冨山房（？）から取りよせたこともあった。なにか特別の家でもないかぎり，どこの家庭にも蔵書というほどのものはなく，私のところでも『論語』や『孟子』『唐詩選』とか『日本外史』といったたぐいのものがいくらかあったにすぎなかった。懇意な家に『八犬伝』があったので，一と冬『八犬伝』を借りて来て，毎晩，父がおもしろく読んでくれるのを，母は針仕事を，姉は編物をしながら，家内じゅうで聞いたことがあった。〉

倉敷の旧家に生まれた山川少年といえども，家庭の蔵書はこの程度のものであった。だが，活版本を取り寄せ，個人の蔵書が独立し始めた様子もみてとれる。また同時にそれは「音読から黙読へ」「集団での受容から個人での受容へ」という変化を意味していた。

二つの音読から文学の近代へ

こうした変化は，何も日本に限られた話ではない。前田は『孤独な群衆』（加藤秀俊訳，みすず書房，1964年）で知られる社会学者リースマンを引きながら，文化の発展段階を次のように整理している。まず口話コミュニケーションに依存する文化，第二は印刷された文字のコミュニケーションに依存する活字文化，第三はラジオ・映画・テレビなど視聴覚メディアに依存する大衆文化（周知のようにリースマンの場合は，第二段階が 内的志向型 の，第三段階が 他人指向型 の人間像と関わっている）。ここで検討されるのは，第一

と第二の過渡期であり、口話と活字が相補的だった時期である。
　音読に関して、前田は「朗読／朗誦(ろうしょう)」の区別を設けている。前者が〈伝達手段として、また理解の補助手段として〉あったのに対し、後者は〈文章のリズムを実感するために〉それこそ朗々と吟じることを言う。朗読は〈民衆の側に見出され、家族ぐるみの共同的な読書形式に適応性を示す。戯作小説・小新聞の「つづき物」・明治式合巻・講談の速記等の文学スタイル〉に対応し、朗誦は〈漢籍の素読を受けた青年達〉に特徴的で〈学校・寄宿舎・寮・政治結社等の精神的共同体の内部に叙事詩的な享受の場をつくり出す。これに対応するのは漢詩文・読本・大新聞の論説・政治小説等の文学のスタイル〉である。ちなみに読本(よみほん)は江戸時代の小説の一種で、前出の『南総里見八犬伝』など壮大なストーリーを持つものが多い。
　そうした中、近代的な小説はどのように登場してきたのだろうか。自由民権運動の挫折とともに朗誦は後退していき、朗読の系譜は尾崎紅葉ら硯友社の新聞小説・家庭小説へと受け継がれ、人気を博していく。
　〈硯友社文学の優勢のまえに『あひびき』の読者が少数者であったことは否むべくもない。しかし、近代読者の系譜はじつにこの小数者の中から辿られる。それは漢文崩しの華麗な文体のリズムに陶酔して政治的情熱を昂揚させる書生達でもなく、雅俗折衷体の美文を節面白く朗読する家長の声に聞き入る明治の家族達でもない。作者の詩想と密着した内在的リズムを通して、作者ないしは作中人物に同化を遂げる孤独な読者なのである。〉
　坪内逍遥らの言文一致体、とりわけ二葉亭四迷の「あひびき」は、黙読する読者を要請していたのである。当時ある詩人が、「あひびき」読後の印象として〈耳の端で親しく、絶え間なくささやいて居

るような感じ〉という言葉を残しているように,〈読者は他人を交えることなく孤独で作者と向い合い,かれが囁やく内密な物語に耳を傾ける。このような秘儀に参与する資格を許された読者こそ,「近代」の小説読者ではなかったろうか〉。

映画,ラジオ,テレビ…

　その後,大正期には婦人雑誌の創刊ラッシュがあり,菊池寛らの通俗小説の連載によって部数を伸ばしていく。これは新中間層の進出,とりわけ女子中等教育の普及の反映であった。昭和に入る頃には,いわゆる円本のブームをむかえる。雑誌や書籍を個人で所有し,その小説世界に一人浸る経験が,ごく一般的なものとなっていったのである。そして,映画やラジオ,週刊誌やテレビなどの大衆文化の時代へと突入していく。

　〈家族が一室に集って小説をともに娯しむ享受形態は,茶の間に置かれた一台のラジオに家族全員が聴入り,夕食後のいっときを過すという享受形態を連想される。携帯に便利なトランジスター・ラジオが発明され,テレビが茶の間の主役になりかわった昭和三〇年代に入ってから,この共同的なラジオの享受形態は解体し,ラジオは個室や寝室に持ち込まれ,そこで個人的に享受されることになった。それに伴って,ラジオ放送の内容もアナウンスの技術も変化し,たとえば深夜放送のアナウンサーは囁くようにたったひとりの聴手に向って語りかけ,仮構された私的なコミュニケイションの場が成立する。〉

　1950年代から60年代にかけての約10年間にラジオに起こったことが,小説の場合,もっと長いスパンで,ゆるやかなテンポで進行したのである。この『近代読者の成立』が公刊された頃,まだテ

レビは，家族など主として集団で視聴されるメディアであったが，その後ラジオと同様の軌跡をたどる。また最近では，映画の観客は，パーソナル・コンピュータの前でDVDを再生している人々であったりもする。

　戦後，マスカルチャーの氾濫を目の当たりにし，それに批判的な知識人たちによって，〈マスとしての大衆像に対して，小集団として自立する大衆像〉を対峙させようとする「国民文学論」が提唱されていく。そうした問題意識は，鶴見俊輔ら「思想の科学」の大衆文化研究にも共有されていた。だが，1950年代あたりまで試みられていた「人民」による文学への試みは，やがてホワイトカラーのサラリーマンを享受者とした中間文化（ないし中間小説）の波にのみ込まれていく。

　ラジオなどの技術革新から家族のあり方の変化――お茶の間から個室へ――が導き出されたのか，もしくは家庭のあり方の変化に対応して新たなデバイスが開発されていくのか。前田の文学研究ないしメディア研究は，家族社会学までも視野に入れていた。その視野の広さこそが，『近代読者の成立』がはば広く読み続けられるテクストとなった理由であろう。

　〈読者層を歴史的に考察する作業は，プロパーの文学研究――作家論や作品論に数倍する時間と労力を，そしてまた試行錯誤を要求するのではあるまいか。すくなくとも私のばあいはそうであった。そのことは境界領域の開拓にはまぬがれない宿命なのかもしれぬ。〉

　前田はさまざまな文献をあさり，読者の実態を三つの位相――作者の対読者意識，出版機構の構造，読者の享受層――において，歴史的に再構成していった。考証にかける情熱は，鷗外作品への中国古典文学の影響を論証した「鷗外の中国小説趣味」の章などでも見

てとれる。前田は，森鷗外が学生時代に読んだ本を所蔵している東京大学付属図書館の鷗外文庫に通い，その蔵書印までを徹底的に調べ上げ，若き日の鷗外の読書空間を再生しようとしている。

人々の呟きが，ケータイのディスプレイから聴こえてくる21世紀を，前田はどう論じたであろうか…。その早世が惜しまれる。

前田愛（まえだ・あい，1931-1987）
　元立教大学教授。的確な考証をベースに，文化記号論やテクスト論，ときには数学などのタームを取り入れ，近代文学研究に新境地を切りひらいた。著書に『都市空間のなかの文学』（筑摩書房，1982年）など。

参考・関連文献
　ロジェ・シャルチエ『読書と読者　アンシャン・レジーム期フランスにおける』（長谷川輝夫，宮下志朗訳，みすず書房，1994年）
　永嶺重敏『雑誌と読者の近代』（日本エディタースクール出版部，1997年）
　香内三郎『「読者」の誕生　活字文化はどのように定着したか』（晶文社，2004年）
　和田敦彦『メディアの中の読者』（ひつじ書房，2002年）

北田暁大

『広告の誕生　近代メディア文化の歴史社会学』

岩波書店，2000 年（岩波現代文庫，2008 年）

———広告の介入が始まる———

「CM を／作るのは／とても／地味な／作業から／はじまる」
（おかざき真里『サプリ』1 巻，祥伝社，2004 年）

　若き日の松本清張は，九州の印刷所で石版画工の見習いをしていた。20 キロ前後もあるような石版石を上げ下ろし，漬物樽の横でその石の表面を水洗いする毎日だったという（松本清張『半生の記』新潮文庫，1970 年）。すでに昭和に入った当時でも，印刷という複製技術は，まだまだ版画を摺るのに近しい段階にあった。その後松本青年は，小倉の朝日新聞にて広告図案家，今で言うグラフィック・デザイナーの職を得る。戦後小説家に転じてからも，印刷所を渡り歩く職人の姿や，新聞社の広告担当者を描いた作品を発表している。推理小説・歴史小説で名をなした松本清張は，広告が産業として離陸していく様子の証言者でもあったのだ。

　ここでのテーマは，そうしたマスメディアとマス広告の草創期。広告の起源に関しては，古代の碑文や中世の看板などにさかのぼって論じられることも多いが，広告なるものがその輪郭を露にし，それが多くの人々に広告として恒常的に接せられるようになったのは，やはり 19 世紀から 20 世紀にかけて，とりわけ 1920～30 年代であった。『広告の誕生』では，ベンヤミンの遺したテクストに導かれ

ながら，日本社会における広告の生成やモダニティの系譜が，さまざまな証拠と照合されながら，精緻な推理によって解き明かされていく。

新聞，ポスター，雑誌

本書では，「孤立する広告」として新聞が，「散逸する広告」としてポスター（交通広告）が，「融解する広告」として（婦人）雑誌が取り上げられている。

新聞の場合，かつての大新聞の政論や小新聞の扇情から徐々に離れていき，それが報道のメディウムと見なされていく中で，新聞広告からも物売り口上のいかがわしさが排除されていった。一方，石版・手摺りといった工芸の世界にあって，屋内を飾る装飾品として扱われていたポスターも，やがて多くの人々の目をひきつけるべく街頭へと溢れだし，商業美術（コマーシャル・アート）である以上にマーケティングのツールとしての側面を強めていく。また大正期に創刊が相次いだ婦人雑誌では，雑誌全体で読者を消費へと誘う装置として機能するよう，新聞とは逆に，記事と広告との境を曖昧にしていく。

このように一見，三種三様に進展したようにも思われる広告だが，もちろんこれらは無関係に展開したわけではない。新聞における広告の自立を前提にしてこそ，雑誌における融解があった。街路・百貨店での遊歩（とそこでの屋外広告）があったからこそ，記事と広告が一体化した誌面を漫然と眺め，消費への夢想をめぐらす読者＝消費者は登場した。現在われわれも，メディウムの種別ごとに広告を見ているわけでも，記事・番組と広告とを分離させて意識しているわけでもなく，多様なメディアを横断的に受容しつつ，さまざま

に広告の受け手（もしくは受け流し手）として存在しているのである。

〈モノ的次元の系譜学は，この広告受容の《現場》の緊張感を記述する。すなわち（1）アクター＝図としての広告，（2）広告が振舞いをみせる《舞台》＝地としての雑誌や新聞，都市といったモノの織り成す空間，そして（3）その空間に身体を投じる観客＝受け手，という三つのファクターが重層的なせめぎあいをみせる様相（とその変位）こそが，この系譜学が捕捉しようとするものにほかならない。〉

それまでの広告史研究が，作品の収集・整理と世相の変遷語りにとどまっていたのに対し，本書がエポック・メイキングだったのは，残された広告そのものとそれにまつわる言説の重層を読み解く中で，そこで広告がなされた状況を追体験しようとした点であった。広告なるものがアプリオリ（先験的）にあるわけではなく，それを媒介するものやそれを広告と見なす人との交錯において，その都度広告は遂行されていくものなのである。そうした交錯の中に広告の誕生を見出していった『広告の誕生』は，社会学的な広告研究の誕生でもあった。

広告とメディアの現在

広告は変幻自在でありながら，「それが広告である」というアイデンティティは保たれている。広告の起源へとさかのぼることで，その不思議を解こうとした本書の問いは，現在へと開かれている。副題に「歴史社会学」と掲げた本書でデビューしながらも，その後の北田暁大の仕事は，過去に向かうことよりも，より理論的であるか，より時評的であるかを目指しているように思われる。その際，

第1部　メディアの生成

つねに北田の関心は,「現在の私たち」へと向けられている。歴史学が過去に照準するのに対し,歴史社会学の場合,過去に向けられた視線は,現在の社会を省みるループを描いていくものなのだ。

　たとえば,新聞やポスターとの比較において,より日常的なスペクタクルとして雑誌（広告）を論じた次の一文をみてみよう。

　〈新聞広告における限界（彩色的・紙質的な印刷技術）,そしてポスターの限界（複製性）を克服し,〈気散じ〉する読みをたえまなく現象させる前衛的なメディアとして『主婦之友』はあった。そして,その《舞台》のアクター＝広告の振舞いは,個々別々にみるなら《広告である／ない》の差異化コードを遵守しつつも,総体＝全体としては目眩く動的な視覚世界を醸し出していたのである。〉

　2008年に『主婦の友』が休刊となったことからもわかるように,今日,雑誌を眺めていてもここに書かれているような「目くるめく世界」を味わうことはまずない。だが,これがインターネット上をブラウズ（browse）することと置き換えてみると,ウィンドウズ95が発売され,日本中のパソコンがインターネットへとつながりだした当時,ネット・サーフィンはそれこそ「目くるめく動的な視覚世界」だったのではないだろうか（ちなみにbrowseは,もともと「（本・雑誌・新聞などを）パラパラとめくる,ざっと目を通す」「（店で）商品をゆっくりながめる」の意）。そしてその視覚世界には,バナー広告や企業のホームページなどがシームレスに並存している。

　また,北田は〈一九二〇年代を分水嶺とする消費文化の構造的変容〉を指摘し,次のように述べている。

　〈消費という社会的行為に何らかの社会的・文化的価値を付与していく審級が,趣味・国家・文化といった送り手が提示する大文字の理念から,（可能的）消費者自身がおのおの主体的にそして反復

的に構成していく〈わたし〉という「内面」へとその位置を変位させていく消費社会化のなかで，〈気散じ〉という身体技法によって受容される広告は，〈わたし〉に定位する消費文化の意味論的次元と，〈いま，ここ〉＝日常を徘徊する《通過者》の身体とを架橋する媒体として機能することとなったのだ。〉

往時も今日も，広告ポスターの並ぶターミナル駅を通過する，さらには雑誌を拾い読みする潜在的な消費者は，広告に対し散漫にかつ私的に接している。こうした受容のあり方は，もちろんネット広告に関しても同様である。だが，検索（エンジン）連動型という広告手法——検索したワードと関連の深いバナーの表示やリスト上位への掲出のために広告費がやり取りされている——の開発によって，受け手の側にそれを広告と意識されることなしに，より効率的に絞り込まれたターゲットへのメッセージの到達が行われている。また，消費へと駆動される「内面」も，購入や参照の履歴のデータベース化にもとづき，「商品のオススメ」機能によって捕捉され，可視化されている。漫然と私的に広告に接することが，広告の引力圏から逃れることを必ずしも意味しない現在を，われわれは生きているのである。

パサージュからショッピング・モールへ

映画"マイノリティ・リポート"（2000年）でトム・クルーズ演じる主人公は，街を歩いている時もカメラによってつねに監視・認識されており，彼の年格好に応じた商品の広告が瞬時に壁面のディスプレイに映し出され，コマーシャル・メッセージが語りかけられていた。もちろんこのシーンは，近未来の都市空間を描いたものだが，ネット上ではすでに実現しつつある状況だと言ってよい。街に

溢れるデジタルサイネージ（電子看板）のネットワーク化が進めば，その時々に応じて広告される商品や内容を切り替えていくことも可能だろう。また GPS（全地球測位システム）を利用したモバイル広告も，すでに実用段階に入りつつある。

　また，ある人気の RPG（ロール・プレイング・ゲーム）シリーズでは，神室町という架空の繁華街を舞台に物語は展開していくが，神室町は新宿歌舞伎町とイコールと考えてよく，実在の店舗や商品も数多く登場する。こうしたゲーム内広告は以前から存在し，ゲーム内のスタジアムやサーキットなどによく見受けられてきたが，ゲームのオンライン化の流れの中で，時期やユーザーに応じて広告内容を随時切り替えて配信することも可能となってきている。ともかく，ゲーム内のスタジアムや街路に広告看板がないとリアリティが感じられないほどに，われわれは広告の横溢をあたり前のものと感じている。それは「地」の中に広告が溶け込むことでありつつも，やはり広告の勝利と言えるだろう。

　ゲーム内の都市空間を遊歩する主人公を，自らの化身（アバター）として操作するゲーマーの瞳に映りこんでくる屋外広告。また，あるコインパーキング・チェーンを経営する不動産会社が，各駐車場脇の看板にて「神室町に OPEN！」と，このゲームとタイアップしている事実を広告している。ゲーム内の繁華街にその駐車場が存在することが，今度はリアルな都市空間における広告のネタとされているわけだ。こうした円環構造をベンヤミンは，夢やファンタスマゴリ（幻像）として語ったのだろうが，それがアレゴリー（比喩）ではなく，実体としてある現在。一方フィジカル（物理的）に存在する都市空間は輝きを失いつつあり，すべてが快適に用意されたショッピング・モール的な空間へと置き換えられていく。

ほぼ1世紀も以前のことを論じた本書の読書空間に「身体を投じる観客＝受け手」としては，今なお妙な生々しさをそこに感じてしまうのである。

北田暁大（きただ・あきひろ，1971- ）
　現在，東京大学大学院情報学環・学際情報学府准教授。メディア論，理論社会学。著書に『責任と正義』（勁草書房，2003年），『嗤う日本の「ナショナリズム」』（日本放送出版協会，2004年）などがある。

参考・関連文献
　北田暁大『広告都市・東京　その誕生と死』（廣済堂出版，2002年）
　津金澤聰廣『現代日本メディア史の研究』（ミネルヴァ書房，1998年）
　吉見俊哉『都市のドラマトゥルギー　東京・盛り場の社会史』（弘文堂，1987年）
　東浩紀，北田暁大『東京から考える　格差・郊外・ナショナリズム』（日本放送出版協会，2007年）

加藤秀俊

『テレビ時代』

中央公論社，1958 年

―――当時，テレビが未来だった―――

「おっ／あの子の／うちには／カラー／テレビが／あるんだ」
(藤子不二雄『オバケのQ太郎』2巻，虫プロ商事，1969 年)

　日本のテレビ放送は 1953 年に始まり，59 年の皇太子ご成婚から 64 年の東京オリンピックの間に爆発的な普及をみた。そのテレビ時代の開幕前夜，まだ 20 代の若き社会学者が，テレビに関する清新な論考を次々と発表していた。地上波テレビ放送が，成熟から衰退の局面をむかえつつある今読み返してみても，その議論は刺激に満ちている。たとえば加藤は，観劇・映画鑑賞・スポーツ観戦などと比較して，〈テレビとなるとだいぶ話はちがう。画面の人物は容赦なくわれわれを正面から直視し，○○アストリンゼンだの△△洗濯機だのについて語りかけてくる。画面にうつし出される世界は，われわれと無関係なものどころか，われわれを不可欠の一部とする世界なのだ〉と述べている。

　以前，1950 年代から 60 年代のテレビ・コマーシャルを集中的に見る機会に恵まれたが，たしかに CM タレントたちは，「ヒッチコック劇場」冒頭のアルフレッド・ヒッチコックよろしく，視聴者に正対して語りかけてきていた。50 年代のテレビ CM の保存状況が悪く，長らく広告史研究が忘却しかけていた事象も，加藤は明敏に

書きとめていたのである。

　テレビを俗悪と批判する知識人・文化人，敵意をむき出しにする新聞人・出版人が大勢を占める中，加藤は冷静かつ好意的にテレビを論じていく。テレビがいかに家庭のあり方を変えるか，他のメディアにどう影響を与えるか，メディア・リテラシー教育の必要性，テレビ・ネイティブな子供たちの今後etc.，さまざまな興味深いテーマが展開されているが，ここでは以下の三点に絞って紹介しておきたい。

中間文化とテレビ

　加藤の論壇へのデビューは，その「中間文化論」による。1950年代，芸術の一ジャンルとされる純文学とも，戯作や講談本の伝統を引く大衆文芸とも異なる，「中間小説」とよばれる領域が，週刊誌や新書といったメディアの台頭や，ホワイトカラーのサラリーマン人口の増大などを背景に成立してきていた。また音楽においても，この本の中で加藤は〈コンサート・ホールに閉じこめられていた「高級音楽」も，また民衆のあいだに埋れていた「民衆音楽」も，現在ではともに大量生産方式にのっとって全国津々浦々に流れているのだから，どの音楽をきくかは主として好き嫌いに関係するだけであって，財産の有無，学歴などとはあまり関係しなくなってきたのだ〉と指摘している。こうした新たな大衆文化のうねりを加藤は「中間文化」と命名したのである。

　〈家族のメンバーが顔をあわせている時間は，テレビジョンのおかげで格段にふえ，それは，私生活への価値志向性をうみ出す。その意味では，テレビジョンはもっとも中間文化的な娯楽様式のひとつであるともいえよう。〉

もちろん，こうした動向を加藤は批判したいわけではないことは，師事したデイヴィッド・リースマンを引いた次の一文からも明らかであろう。〈プロテスタント的中産階級を担い手とする活字コミュニケイションは，「他人指向型」の大衆の出現とともにくずれはじめる。ラジオ・マンガ・映画・テレビ，といった一連の視聴覚媒体が，それと並行してコミュニケイション史上にあらわれてくる。とはいえ，リースマンは，これを文化の堕落と見るわけではない〉。仰ぎみる銀幕のスターや正統な知的権威とは別の，新たな文化のあり方に加藤は胸を躍らせていたのである。
　〈テレビジョンにあっては演技者の見物人に対する関係は，擬似的友人としてのそれなのである。私自身の経験からいっても，先日ある娯楽雑誌に久松保夫の写真を発見したとき，何だか旧知の友人の取りすました写真をみたような気がした。映画スターのブロマイドに対したときとは全く異質の親近感を，私はこの写真にたいして持ったのである。私がかれの主演する『日真名氏飛び出す』の定期的視聴者であることはいうまでもない〉。蛇足ながら「日真名氏飛び出す」はテレビ放送草創期のヒット番組である。

新しい口語へ

　まだまだテレビは高級品であり，街頭・店頭はもちろん，家庭内においても集団的な視聴が卓越していた当時，テレビは家族のあり方に多大な影響を及ぼしていた。テレビの影響は，人々のコミュニケーションのあり様にも及び始めていた。
　〈テレビジョンは，マス・コミ言語として全くあたらしい型の「口語」をうみ出した。それは，物語りことばでなく，日常の会話ことばとしての口語である。NHKテレビの朝7時のニュースをみ

ればその事情はすぐわかるが，ラジオ・アナのニュースと，テレビ・アナのそれとは大へん異なっている。前者がいわゆる「口語」の伝統を守っているのにたいして，後者が，見物人との擬似的会話を展開しているからである。〉

　言文一致の文学運動は，けっして日常話しているように書くのではなく，落語や講談のように語るように書くことを目指していた。そうした口語の伝統に対して，テレビはさらに新たな口語を広めているのである。

　それを日本語の乱れ等々，否定的に論じることを加藤はしない。また，テレビの普及にともない，若い世代から方言が消失していることもポジティブにとらえている。〈文化の均質化というと，ひとはすぐに悲しげな顔をするけれども，上下のわけへだてや，郷党意識や，家柄や，その他諸々のモノサシによって非均質的であったこれまでの日本文化を考えてみたら，われわれが均質化を一旦とおることは大いに望ましい〉。単にテレビを論じるだけではなく，総じてメディアの未来学とも言える本書だが，その筆致はあくまでも明るい。

　〈乾電池で実用的通話のできるオモチャの電話や，無線操縦の自動車オモチャで育ちつつある現在の子どもたちは「機械コミュニケイション世代」と呼びうる世代であって，この子どもたちがおとなになったときの通信文化はかなりユニークな様相を呈するのではないか〉。こうした一文には，予言の書のような風格すらも感じられる。もちろん見通せなかった未来も，本書にはあるのだが。

　〈ラジオのばあいは，これをききながら何か仕事をするという，いわば片手間の接触であることが可能でした。勉強とラジオは，決して矛盾したものではなかったのです。ところが，テレビになると，

これを見ながら何かをすることなど思いもよりません。全精神を画面に集中することをテレビは要求するからです。〉

　お茶の間の中心をテレビに譲ったラジオは、よりパーソナルな色彩を強めていく。そして、ラジオを追いやったそのテレビが、後にながら視聴、さらにはケータイやパソコンとの同時並行でのメディア接触にさらされていくとは、さすがの加藤をしても1950年代には想像を絶する事態であった。

日常テレビからリアリティTVへ

　先にもふれたように、加藤は「日常性」をキーワードにテレビを考察していく。

　〈テレビにおけるリアリズムの一種に日常性のリアリズムとも呼ばれるべきものがあるのではないか、という私の仮説につらなる。映画では、観客が画面に同化させられる。そこでは画面は見物人の日常性からかけはなれたものであってもよかった。しかし、テレビでは、見物人が画面を自分たちに同化させる。そこでは、日常性からかけはなれた材料は敬遠される。〉

　〈現在のテレビ娯楽における「リアル」であることの強調をそのまま「リアリズム」と呼ぶことは決してできない。いや、むしろ、演技者と見物人のパーソナルな関係が擬似的であったように、テレビジョンでのいわゆる「リアル」なるものが、擬似的なリアリティであることにこそ現在および将来のテレビジョンの最大の問題があるともいえよう。しかし、フィクションすらもが「リアル」という仮面のもとにおいてでなければ見物人に満足をあたえ得ない、という事実はきわめて重要である。〉

　フレーバーとしての適度な非日常性は求めつつも、あくまでも親

近感のもてる内容を、人々がテレビに求めるがゆえに、〈一九五四年十二月十二日、BBCはG・オウエルの『一九八四年』を劇化して放送した。しかし、放送開始後数分にしてBBCには抗議の電報・電話が殺到した。もちろん、テレビの見物人たちからである〉。だが、〈オウエルの『一九八四年』では見物人の心の片隅には憎悪と反抗が頭をもたげているが、あの「偉大な兄弟」のかわりに宮城まり子や永井智雄があらわれたとしたら、われわれは全く無抵抗に、よろこんでかれらについてゆくことになるにちがいない〉。

若干の注釈を加えると、ジョージ・オーウェルの小説"1984"は、1948年の段階で1984年はどんなひどい世界になっているか予測した近未来小説である。偉大な兄弟（ビッグ・ブラザー）と呼ばれる独裁者が、「テレスクリーン」という装置で人々の前に姿を現し、かつ人々を監視しているディストピア——ユートピアの逆——が描かれている。それをイギリスBBCがドラマ化したのである。また、宮城まり子は当時の流行歌手・女優（その後もテレビタレントや福祉事業家として多彩な活躍を続ける）、永井智雄はテレビドラマ「事件記者」で人気を博した俳優。ここでも加藤は、ビッグ・ブラザーに支配されるくらいなら、テレビタレントについていくことを楽観しているように思われる。

余談ながら、前出の村上春樹『1Q84』は、この"1984"にインスパイアされた作品である。先に出てきた久松保夫や宮城・永井をビッグ・ブラザーに当てはめるのは少し無理があるにせよ、「リトル・ピープル」ならば？などと余計な考えをめぐらせてみたくもなる。さらに言えば、今世紀に入ってイギリスなどで'ビッグ・ブラザー'と題したリアリティ・ショー——社会から隔離された、ある状況におかれた人々の行動を、テレビカメラがつねに監視し、実況

中継し続けるテレビ番組――が評判となった。加藤がテレビジョンに見た「リアル」が、その後どのように展開したかは、非常に興味深いテーマであろう。

最後に一つ、これまた興味深い加藤の予言を記しておこう。〈いまから五百年、いや百年先のコミュニケイション科学者は、"一九五〇年に印刷術の発明に匹敵する第二のコミュニケイション革命が起こった"と書くであろう〉。

加藤秀俊（かとう・ひでとし，1930- ）
　京都大学人文科学研究所助手，学習院大学教授，放送大学教授などを歴任。文明論・メディア論・大衆文化論に足跡を残す。『加藤秀俊著作集』全12巻（中央公論社，1980〜1981年）など。

参考・関連文献
　加藤秀俊『メディアの発生　聖と俗をむすぶもの』（中央公論新社，2009年）
　加藤秀俊『見世物からテレビへ』（岩波新書，1965年）
　鶴見俊輔『戦後日本の大衆文化史　1945〜1980年』（岩波書店，1984年）
　佐藤卓己『テレビ的教養　一億総博知化への系譜』（NTT出版，2008年）

第2部

マス・メディアの世紀

有山輝雄

『近代日本のメディアと地域社会』

吉川弘文館,2009 年

―― 小宇宙(ミクロコスモス)を揺さぶるマスコミ ――

「好きな本を／一生持ってるのも／いいもんだと／俺(おら)は／思うがな」
(高野文子『黄色い本』講談社,2002 年)

　またしても松本清張『半生の記』(新潮文庫,1970 年)を引いておこう。〈父は,母を常識のない女だと罵っていた。それはその通りである。母は一字も読めなかった。父は,それからくらべると新聞をよく読んでいて世間一般の常識は心得ていた〉。

　20 世紀にはいっても,読み書きのできないことは,けっして例外的な事態ではなかった。文化の平準化・大衆化が進んだと語られる 1920～30 年代にあっても,松本家のような情景はごく日常的なものであった。

　本書は,20 世紀前半の福島県梁川町(やながわ)(現伊達市梁川町)において新聞・雑誌・電話・ラジオなどのメディアがいかに普及していったか(もしくは普及していかなかったか)を,徹底的に調べ上げた成果である。それがおかれた政治的・経済的・文化的・社会的文脈次第で,新たなメディア・テクノロジーの運命はさまざまな軌跡を描いていくことを,第 1 部ではみてきた。第 2 部では,それらの文脈を視野に入れたメディア研究の成果を取り上げ,「マスメディアの 20 世紀」を概観していきたい。

まずは人口1万にも満たない町が舞台。もちろん，そんな小さなフィールドだけで何がわかるのか，という向きもあるだろう。が，そうした疑念を有山はじゅんぶんに意識した上で，小さな町の動きから大きな時代の流れを論じていく。最先端のメディアを語る言説が，1年を経たずに廃物となっていくような現在，こうした地道な歴史書こそが，メディアについて最も重要なことを語ってくれている。

情報源としての新聞販売店

梁川町が研究・調査対象に選ばれたのは，現在も続く新聞販売店・阿部回春堂——当主は代々阿部長兵衛を襲名——が詳細な顧客リストを保存していたからである。回春堂という名からもわかるように，この店は当初は薬の販売を行っていたが，明治中頃から新聞販売を業とするようになり，明治末から昭和初期にかけては梁川町唯一の新聞販売店であった。また同時に雑誌・書籍の取次ぎも行っており，この町の「メディア・センター」ともいうべき存在であった。その貴重な史料を駆使し，かつさまざまな傍証とつきあわせつつ，有山輝雄は当時の，当地のメディア空間を丹念に再構成していく。

そうして得られた最大の知見は，新聞購読に関してこの町は4つの階層にわかれており，それらは町内での政治的・経済的な威信や階層と緊密にリンクしているという点である。ごく一部の「①複数紙定期購読層」は，梁川の主要産業である養蚕・製糸などで財をなした町の名望家層で，生糸市場や他の産地の動向を知るべく東京紙も購読していた。次いで，多くとも戸数の10％程度を占める「②定期購読者」は，養蚕業や商店を営んでいる衆議院議員選挙の有権

者層であり，医師・教師などもここに属している。そして20～30%の「③不定期購読者」がおり，さらには多数の「④非読者」層が広がっている。③～④にしてみれば，新聞はまだまだ生活必需品というわけではなかったのである。そしてこの階層構造は，明治・大正・昭和を通じてあまり大きな変動をみていない。

　有山は①の子孫たちをたずね，その所蔵史料などもみていく中で，新聞がどのように受容されていたかも考察している。

〈『中央新聞』は系譜からいえば，『絵入朝野新聞』につながっているから，中村家ではその頃から小新聞の続きものや講談を読んでおり，その継続としてずっと同系列の新聞を読んでいたのである。また綴りのかたちで残っているのは，新聞を読み放しにせず，まとめた綴りを時間の余裕のできたときに本のように読んだり，家族で回し読みしたりしたのであろう。中村家に『東京朝日新聞』の綴りもあったように，親戚や近所で貸借も行われていた。新聞は実用的なニュースのメディアであるばかりでなく，経済的余裕のある家では娯楽のメディアとしても購読されていたのである。〉

　阿部回春堂の台帳によれば，〈梁川きっての有力者である中村佐平次家〉は，当時政友会系の『中央新聞』をとり，その連載小説・講談を楽しむとともに『福島民報』『福島新聞』も併読していた。だが購読していないはずの『東京朝日』の綴りが現存しているのはなぜだろうか。そうした問いから，有山は新聞が集団的に受容され，回覧されていた往時に思いいたるのである。

遠くで戦争が始まる

　だが，基本的には大きな変化のなかった新聞閲読の状況にも，時折激変が生じることがある。日露戦争が勃発し，梁川町の青年たち

第2部　マス・メディアの世紀

も戦地におもむく事態になると，戦況をいち早く知りたいというニーズは，いやおうなく高まっていく。

〈平時では新聞の伝える外部世界情報は上層だけで環流し，その下にはそれほど伝わらず，二層のコミュニケーション圏が町内に存在していた。しかし，情報需要が一挙に高まる戦時にはコミュニケーション状況は大きく変わった。上層と下層との壁は低くなり，新聞購読者＝指導者層から非購読者へ外部世界情報が広く伝播され，ある程度融合したコミュニケーション圏が成立したのである。この戦時の融合的コミュニケーションは，国民という一体感，町民という一体感を促進したことはいうまでもない。〉

阿部回春堂史料からは，この時『戦時画報』といった類の雑誌群や『満韓西利亜地図』などがよく出ていたことがわかる。その後，1910年に梁川郵便局に最初の電話機がおかれ，同年福島－梁川間の軽便鉄道の運行がはじまった。だが依然として，平時に④の層が外部世界とつながることはほとんどなかった。この時期電話を引けるのは，やはり有力者の家庭や商用に限られていた。多くの人々は，郵便局の公衆電話をおずおずと使うのみであり，「二層のコミュニケーション圏」は維持されていく。そしてこの二層構造は，再生産もされていく。1920年代に入ろうとする頃でも尋常小学校の卒業率は70％を切っており，子供向け雑誌や児童文学を享受したのはあくまでも上層の子弟子女であった。

〈梁川の例では，前代に比較して新聞の普及率は高まったが，依然として五〇％程度であり，雑誌も読まれるようになったことは間違いないにしても，社会の上層での動向であった。メディアの普及は社会で平均的に進んだのではない。むしろ，上層でのみ進行したのであって，それは平準化をもたらしたのではなく，上層と下層と

の情報の格差を広げ、情報の社会的偏在を拡大させたのが一九二〇年代の社会である。また、個の意識の形成は重要な問題ではあるが、主として上層のなかで起きた現象なのである。〉

　関東大震災を契機に、『大阪朝日』『大阪毎日』と関係の深い『東京朝日』『東京日日』の販売攻勢が当地でも強まり、普及率が伸びるといった変動もあった。また町内に高畠素之訳『資本論』の購読者が16名も現れ、青年を中心とした文芸サークルが活性化するなど、人々が〈書物の媒介する想像の「読者共同体」に帰属する〉傾向も浸透してきたが、それはやはり経済上・生活上の余裕を持つ層までのものであった。

情報格差の構造

　1925年、ラジオ放送が始まっても二層構造に変化は生じない。当初の受信状態では、新奇な機械装置に接して〈電気的な雑音を聴く〉こと自体を楽しむしかない段階であったが、その雑音を受信できる余裕は、高価な受信機を購入ないし自作しうる層にしか存在しなかった。だが、1932年に満州事変が勃発し、町から出征する者が現れるとまたもや事態は動き始める。

　〈一九三〇年代に入ってから、ラジオ放送はようやく普及の軌道に乗り始めた。この頃になると、専業ではないにしても、梁川にもラジオ受信機の販売商も登場し、一九三三年一一月三日『伊達公論』には、「時計眼鏡・自転車・蓄音機・ラヂオ　氏家商店」の広告が掲載されている。これら商品が当時の最先端の文化的商品であったのである。しかし、その段階でも梁川の場合、世帯あたり普及率は約六％である。全国平均が一三・四％であるからそれより低く、東京市の普及率四五・二％には到底及ばない。〉

『伊達公論』といった地域誌が登場していた点は注目に値する。が，1930年代に東北地方が深刻な不況に見舞われていたこともたしかである。1920〜30年代を都市のモダン文化とその大衆的な広がりのみで語ることの危うさを，有山は再三強調している。

〈新聞定期購読者層とラジオ聴取者層が重なっていたとすれば，階層的格差は一層拡大したことになる。ピラミッド構造の上層部は，新聞を定期購読し雑誌書籍を読み，さらにラジオ放送を聴くことになった。新聞さえ読まない層とのメディア格差，文化格差はこれまで以上に広がったのである。〉

梁川という小宇宙にあって，外部とつながる回路を得ていたのは，手広く営業活動を行い，それゆえさまざまなメディアを利用する必要や余裕をもつ人々に限られていた。もちろん上層部も，決してつねに一枚岩だったわけではない。梁川隣村の粟野村からは〈伊達郡きっての資産家池田一族である六代目池田安右衛門の家の四女〉として生まれ，〈梁川実科高等女学校時代から『改造』『資本論』『婦人論』など多くの左翼文献を読んでいたという〉池田（渋谷）黎子のように，家を出て左翼運動・婦人運動に身を投じる者も出た。だが多くの情報は，町内の上層内部を巡るだけで，〈新聞も読まず日常生活圏に生きる住民との格差は大きく，情報の流れは一方通行的であるか，あるいはそもそも十分伝えられないまま中下層は従っているという状況であった〉。

21世紀にはいって，IT（インフォメーション・テクノロジー）機器の普及によるデジタル・ディバイドや，経済的な階層差が固定化され，かつ次代へと再生産されていく「格差社会」が，論点として急浮上してきた。その際に繰り返されるのは，第2次世界大戦（もしくはアジア太平洋戦争）などを経つつも，平準化かつ中産化にむけ

て一本道で歩んできた近代日本社会であるはずなのに，という論調である。が，果たしてそうなのだろうか。当たり前の前提のように論じられてきた平準化・大衆化神話に，小さな町の，しかし膨大な史料を背景に有山は巨大な「？」を投げかけている。

有山輝雄（ありやま・てるお，1943- ）

　現在，東京経済大学教授。著書に『甲子園野球と日本人』（吉川弘文館，1997年），『海外観光旅行の誕生』（吉川弘文館，2002年），『「中立」新聞の形成』（世界思想社，2008年）など。史料の編纂・監修の業績も多数。

参考・関連文献
　土屋礼子『大衆紙の源流　明治期小新聞の研究』（世界思想社，2002年）
　山本武利『近代日本の新聞読者層』（法政大学出版局，1981年）
　今西一『メディア都市・京都の誕生　近代ジャーナリズムと諷刺漫画』（雄山閣，1999年）
　井川充雄『戦後新興紙とGHQ　新聞用紙をめぐる攻防』（世界思想社，2008年）

佐藤健二

『読書空間の近代　方法としての柳田国男』

弘文堂，1987年

――メディア・アディクトとしての柳田国男――

「私が本で／あんなふうに／見ていただけたら／…／いいな…」
（山下和美『天才柳沢教授の生活』4巻，講談社，1992年）

　20世紀前半，広範に存在した「新聞非購読者層」。そこにどうアプローチしていけるのだろうかという巨大な問いが，前章であげた有山輝雄『近代日本のメディアと地域社会』にも残されていた。

　それこそが民俗学の仕事であり，柳田国男の「常民」概念がそれにあたるのだ，という回答の仕方ももちろん可能であろう。文字史料を扱う歴史学者に対して，民俗学者の一般的なイメージは，全国津々浦々の辺鄙な土地にでかけ，古老たちから失われつつある習俗・伝承を聞きとっていく人々といったところだろうか。

　だが，それでは余りにも柳田国男の可能性を狭め，閉ざすことになりはしまいか，というのが本書の出発点である。そして，副題に「方法としての柳田国男」とあるように，佐藤健二は柳田の残したテクストの内容について論じるよりも，それらテクストへの読み込みを通じて，柳田がどのようなメディア環境のもとにあって，何を，どう読もうとしたかに焦点をあわせていく。

書物狂(ビブリオマニア)としての柳田

　まず柳田国男について概説しておこう。柳田は1875年に兵庫県の医師の家庭に生まれた。11歳のときに近隣の旧家に預けられ，その膨大な蔵書にふれ，13歳のときには長兄に引き取られて関東に移り，そこでも隣家の蔵書を乱読したという。その後，東京帝国大学を経て農商務省の官僚となり，地方の実情にふれていく中で，民俗学を構想・創始するにいたる。1962年没。膨大な著作を残し，新版『柳田國男全集』（筑摩書房）が全36巻（別巻2）という規模で現在も刊行中である。また柳田の蔵書は成城大学民俗学研究所へと寄贈され，約3万7千冊に及ぶ柳田文庫となっている。

　この巨人と真正面から向きあって，佐藤は新たな柳田像を提示していく。柳田はその文献資料批判ゆえに，書物から得られる知識を軽視したとされることが多かった。だが佐藤によれば，〈柳田の方法にとって，書物というメディアがつくりあげた知の形式と読書という経験は，まちがいなく本質的なもの〉であり，そのことと柳田の著作の中にたびたび現れる書物批判とは〈けっして矛盾しない〉という。

　〈むしろ「世間を書物のように読むことができるし，読まねばならないのだ」というポジティブな言明こそ，この学問の方法性の中核ではなかったか。だとすれば，その方法は書物の拡大である。いやそれだけではない。書物は，油断ならぬ権威生産のしかけであり，また歴史の発掘や冒険の楽しみを教えてくれたメディアであった。そして人びとが比較の重要性を知り，批判という行為を得たのも，このメディアがつくる世界の内部で，である。いうならば柳田「民俗学」は，書物／読書経験の延長として建てられた学問の構想であった。〉

幼少期に書物倉で過ごした経験から，柳田は読者が単なる受け手ではなく，さまざまな二次テクストを生産する「写本文化」ないし「抜き書き文化」の担い手であることを発見する。そして柳田は〈読書の「亡者」であったに匹敵する執念をもって，また出版に熱意をもやしつづけた「素人本屋」であった〉。テクストを引用し，分類し，時に多様なテクストを交配させ，新たなテクストに加工し，戦略的にフォント（書体）を選択し，レイアウトや装丁を整え，見出しや索引といった編集作業を行い，書物というマテリアルを生み出していく…。そうした作業も，柳田の方法とは不可分にある。
　〈採集する者が主体でありうる，というこの構想は重要である。柳田の「社会改造」は採集の意義を，モノやコトバを集め比較しながら，知を構築し意識化してゆく，という人間の普遍的な行為の水準でとらえなおし，採集者という身体の主体化と総体化とを措定した学問に根をもつ運動である。採集者という読者の感覚や日常性の位相によって，構造化されまた批判される，この資料的拡がりの総体とその仕組みこそ「民間伝承」「郷土生活」という概念で対象にしたフィールドであり，もうひとつの広大な書物であり，解読的理解の目標であった。〉

書物の聴き手としての柳田

　書物というメディアを前提とし，そこに並ぶ文字列の，さらにその先に行こうとする営為として柳田民俗学を理解すると，〈非文字／無文字の世界の発見に対応するできごとが，書物経験のなかに仕掛けられている〉という佐藤の指摘も容易にうなずける。
　柳田が幼少期に入りびたりだった書物倉は，農村の旧家のものであった。武家や儒家ならば漢文脈の書籍が多くなるところだが，在

地では仮名文字で書かれた和文脈の和歌・小説・稗史・紀行・世事・随筆などの書物が多かったという。もちろん，和文脈であったとしてもそれは識字層の文化であり，それは近代の「新聞定期購読者」へとつながっていく。『定本柳田國男集』（筑摩書房）を引きながら，佐藤は次のように述べている。

〈京都の公家の日記など，漢字ばかりをならべてちょっと漢文のように見えるが，何かの必要で細かなことがらを述べなくてはならない段になると，漢文の法則には背いても，めいめいの思うところには忠実であったから「気をつけて見ればその四角なものの背後に，あの世の中の人のことばがとらえられる」（定本 23：354）という。こうした口ことばを中心に文体を構築し，漢字を流用する流儀は，明治の書簡文まで連続している。柳田の読書が，こうした口ことばの声を「書かれたもの」の内側から読みつづけたということ，このことはぼく自身が「書物の拡大」と論じてきた方法的特質の，内実となる事実のひとつである。〉

漢字の多い「四角い」文体の中からも，その時々の人々の肉声を聞くことは，単に研究上の技法・手法というにとどまらず，柳田の学問・思想の核心でもあったのではないだろうか。

〈われわれはほとんど例外なく，音を真似るなかで声を覚え，その過程においてことばを獲得し，さらに声にして読む経験を媒介に文字の形を覚え，書く技術を獲得してゆく。柳田の方法は，この普遍的な経験の過程を逆にたどり，読者という読み／書く主体を発見し，ことばを音の交流において聞き／話す主体をうかびあがらせる。そうした二重のメディア空間における主体性のありかと様態とが見いだされていった。これは「常民」という用語で，やがて指示されてよい主体概念だった。〉

佐藤によれば，柳田民俗学の根幹となる概念である「常民」とは，〈書く／書かれるという歴史生産の様式との対比において，固有のコミュニケーション様式において民俗を生産する歴史の主体〉として設定されているものであり，〈われわれの認識の過程にあらわれてくる，書かれなかった「あるもの」〉であり，端的には〈紙に書かれたものの向こうにある身体〉なのである。

ことばの近代
　これまでも述べてきたように，「読書空間の近代」の離陸は，黙読という習慣の形成と密接に関連している。もう少し正確に言うならば，黙読という習慣を体得しうる階層が登場し，それが指導者層として社会の前面へと立ち現れてくる過程であった。柳田の言い回しにならうならば，〈書生が社会の枢軸を握〉るようになり，〈新語彙が主として学問ある階級の制定にかかり，またその指導になったような感じ〉が生じたわけだ。このことを佐藤は，本来〈生活世界の中で生まれてきたメディア〉であるはずのことばが，〈「書物教育」にもとづいた新語好みの性急な気風〉に覆われていったと表現している。

　〈民間が失いつつあったこの言葉づくりを代行し，また多くのことばを文字に印刷して流通させるこの「階級」の造語法は，名詞をそのまま形容詞，動詞として文体に組みこむ急場しのぎの「困ったもの」であった。名詞に「……スル」とくっつけて動詞とし「……ナル」「……タル」をつけては形容詞のように扱う。やがて流行してきたのは本場の中国でもお目にかかったことのない「何々的の濫発」であったという。〉

　こうした生硬な用語，生活感を欠いた標準語の普及には，徴兵と

戦争の経験が大きく作用している。全国からさまざまな方言を持つ，多様な階層の人々が軍隊を構成した時，共通語としての軍隊口調は重宝され，復員後においても人々のことば使いに影響を与えていった。

〈「共通の経験や感覚」を吸収しえない，やけに名詞（べつに翻訳語や漢語だけではないけれども）の多い文体が，近代の戦争を契機に人びとの生活の，口頭を支配する。しかもこういった方が重々しく感じる，力強く感じるというふうな漢語や翻訳語の使われかたを見ると，そこに「権威」の観念が存在している。「言文一致」は文が言に近づいていく理念を意味したが，じつは語尾だけの変革というに等しく，じっさいは言が文をまねることで権威ある物言い，すなわち言説における権威を現象させた。〉

戦時中，漢語まじりの演説を柳田は苦々しく聞いていた。〈国家のことばの抽象性をそなえた伝達‐思考様式〉が〈生活のことばというもうひとつの別な伝達‐思考様式〉を圧迫する事態は，もちろん学校教育とマスメディアが加速させたものである。

最後に柳田の文章も引いておこう（『定本柳田國男集』19巻，1963年，11〜12頁）。〈村では外部の人と接触するには，比較的世間に馴れて度胸があり，かつ上手に標準に近い語をあやつる人を，いわゆる土地の口ききとして選定していた。この人間だけが内外二様の口を話し，通弁みたような位置を占めていたのである。おかしい話だが，もとはこういう人びとが，かえって内からは警戒せられていた。それがますます役に立つ時代になって，彼らは有力者になったのみならず，その流儀を真似しようとする若者が，年とともに多くなったのである〉。

有山輝雄の描いた梁川町を彷彿とさせる一文である。では，こう

した共同体にもラジオが，やがてテレビが各戸に普及する事態をむかえると，そこに何が起こったのだろうか？

佐藤健二（さとう・けんじ，1957- ）。
　現在，東京大学大学院人文社会学系研究科教授。著書に『歴史社会学の作法』（岩波書店，2001 年），『社会調査史のリテラシー』（新曜社，2011 年），共編著書に『文化の社会学』（有斐閣，2007 年）などがある。

参考・関連文献
　紅野謙介『書物の近代　メディアの文学史』（筑摩書店，1992 年）
　加藤秀俊，前田愛『明治メディア考』（河出書房新社，2008 年）
　佐藤健二『風景の生産・風景の解放　メディアのアルケオロジー』（講談社
　　選書メチエ，1994 年）
　鶴見太郎『柳田国男入門』（角川学芸出版，2008 年）

ハードレイ・キャントリル

『火星からの侵入　パニックの社会心理学』
The Invasion from Mars: A study in the psychology of panic, 1940

斎藤耕二，菊池章夫訳，川島書店，1971 年

——メディア，リビングへと侵入す——

「ラジオ番組の／中で本当の／話などはできん!!」
（島本和彦『吼えろペン』小学館，2010 年）

　第2次世界大戦勃発の頃，ニューヨークの海辺の町で過ごしたウディ・アレン監督が，自身の少年時代を懐古した映画"ラジオ・デイズ"の中に次のようなシーンがある。

　少年と同居しているビー叔母さんは，デートを繰り返すが，男運に恵まれない。今度こそはと思えた男との楽しいデートの帰り道，自動車がガス欠を起こし，夜霧の中に二人は取り残される。気分は盛り上がるのだが，そこにカー・ラジオから，宇宙からの謎の飛行物体がニュージャージーに着陸し，エイリアンが人類を焼き殺し始めたとのニュース速報と実況中継が流れてくる。男はあわてて逃げ出し，残された叔母さんは10キロの夜道を歩いて帰るはめに。数日後，男からかかってきた電話に叔母さんは，「もう，火星人と結婚したから会えない」と答える。ビー叔母さんのデート遍歴は続くが，実は同性愛者だったり，既婚者だったり，やがて適齢期の男たちは皆戦場へと駆り出されていき，叔母さんの苦悩は深まるばかり…。

　こうした家族の物語とラジオ・スターの醜聞〔スキャンダル〕などのエピソード

とが重なりあって，"ラジオ・デイズ"は観る者をノスタルジックな気分へと誘っていく。当時アメリカの家庭の中心には，つねにラジオがあったのだ。その影響力の大きさは，現在のテレビの比ではない。そして，実際にラジオは，火星人来襲を伝えて人々を恐怖に陥れていたのである。

ラジオ・ドラマ「宇宙戦争」

その事件が起こったのは，1938年10月30日，東部標準時間の夜8時のことであった。

映画"市民ケーン""第三の男"などで知られる俳優オーソン・ウェルズは，この日ニューヨークのスタジオに入り，SF小説を原作としたラジオ・ドラマの放送に臨んだ。もちろん番組冒頭でアナウンサーは，これから始まるものがドラマであること——〈コロンビア放送局とその系列局は，オーソン・ウェルズとマーキュリー放送劇場によって，H・G・ウェルズの『宇宙戦争』をお送りします〉——を告げている。だが楽団の演奏が始まり，通常の音楽番組のようにプログラムが進行する中，臨時ニュースのアナウンスがわって入り，プリンストン天文台のピアソン教授が登場し，火星人たちが州兵などを焼き殺す実況が行われ，各地でパニックが起こっている様子が伝えられていくと，実際に全米各地でビー叔母さんたちのような騒ぎが広がっていった。

〈この放送が終了するずっと前から，合衆国中の人びとは，狂ったように祈ったり，泣きさけんだり，火星人による死から逃れようと逃げまどったりしていた。ある者は愛する者を救おうと駆けだし，ある人びとは電話で別れを告げたり，危険を知らせたりしていた。近所の人びとに知らせたり，新聞社や放送局から情報を得ようとし

たり，救急車や警察のクルマを呼んだりした人びともあった。少なくとも六百万人がこの放送を聞き，そのなかで少なくとも百万人がおびえたり，不安に落ちいったりしていた。〉

今から考えるとばかげた騒ぎのようにも思えるが，音楽を中断するニュースの入れ方や具体的な地名が出てくる点，さらには権威ある（とされる）教授の解説の挿入など演出的にもよく練られており，声優たちの熱演もドラマに臨場感を与えていたのであろう。

この時プリンストン大学で心理学を講じていたキャントリルは，さっそくこの事件の調査を企画し，ニュージャージーで135名に対して詳細なインタビューを行っている。キャントリルは当時のメディアの情況について，次のように述べている。

〈合衆国全国の三千二百万世帯の家で二千七百五十万世帯がラジオを持っていると推定されており，これは電話，自動車，ガス設備，電気，新聞，雑誌の普及よりもより多いといえる。ラジオは本来的に，同時性，簡便性，個人への訴求性あるいは遍在性といった特質を持っている。したがって，このパニックを分析する場合には，われわれは最も現代的なタイプの社会集団（ラジオの聴取者）を扱うことができるのであり，この集団は映画館の群衆や日刊紙の読者とは全くちがったものである。ラジオの聴取者は基本的には，時間で結ばれた無数の小さな集合からできており，かれらは共通の刺激を経験している。その全体はかつてなかったような巨大な人びとの集合体を形成している。〉

共通の刺激を受けたにもかかわらず，火星人来襲のアナウンスを〈二八％の人びとがニュースだと信じた〉〈ニュースだと信じた人の中で七〇％が驚いたか不安に落ちいった〉一方で，それをドラマの一部として認識した人々もいた。では，両者を分けたものは，何だ

ったのだろうか。

その個人的背景

聞き取り調査を通じて、キャントリルは聴取者を以下の4つにタイプ分けしていった。すなわち〈放送のなかの手がかりをチェックした人びと〉〈他の情報とチェックしてドラマとわかった人びと〉〈うまくチェックできず、ニュースだと信じつづけた人びと〉〈放送だから本当だと信じて調べようとしなかった人びと〉の4類型である。こうした批判能力の差には、どのような背景があったのだろうか。

まず地域差に関しては、〈南部地方の聴取者で驚いた者のパーセンテージが高いのは、この地方に貧困で無教育な人びとが多いことによるのであろう〉〈聴取者の多くの部分、特に低所得層や教育程度の低い階層の人びとは、ニュースを新聞よりもラジオに求める傾向がつよくなってきている〉という。他の局にダイヤルを回してみたり、新聞の番組表で「宇宙戦争」の放送だと確認する等々の対応には、それなりの教育水準が必要ということだろうか（もちろん高等教育を受けていても動転する者もいれば、学歴は低くとも冷静な判断を示した者もいた）。そして、幼い者や女性ほど、自らチェックする度合いは低かった。

また、どのタイミングで番組を聴き始めたかも、重大な要因であった。当然のことながら、途中から聴き始めた者の方が、ドラマではなく「ニュース」と認識していた。実はこのマーキュリー劇場の裏には、よりポピュラーなプログラムがあり、そちらを聴き終わってから「宇宙戦争」へとダイヤルを合わせた者も多かったのである。そして、誰かにこの番組を聴くよう電話した者も多く、パニックを

起こした者が，さらに周囲へとパニックを感染させていった。ラジオをつけた理由が，〈マーキュリー劇場を聞くため〉の者は〈たまたま聞いた〉者より冷静であり，〈聞くようにいわれて〉の者がもっとも恐慌をきたしたのである。

中には〈この番組を本当のものとしてかれが受けいれたことの一部は，解放感によるもの〉といった事例も存在した。仕事が不安定で将来への不安を抱えた中，病身の母親をもつある青年は，〈生きていることが時々むなしくなる〉と言う。彼の場合，〈この「一時的な破局」は，自分自身や他の人びとに対して現にかれが負っている責任から，自分を解放してくれるものなのである〉。

また，その信心深さから，火星人侵略を事実と受けとめた者もいる。〈ディーン嬢にとってはこの世の終わりは信じうることであったし，またそれがくることを願っていたことでもあった。それは彼女の信念の正しさを証明すると同時に，彼女がこれまで過ごしてきたような生活に意義を与える出来事なのである。他の人びとが気ままに邪悪な行ないにふけり，恐ろしい最後の審判に直面しなければならなくなっていく時に，彼女と妹は神にすべてを委ねて，こうした出来事を待っているのである〉。

その社会的背景

そして，この番組が1938年に放送されたがゆえに，パニックは広まっていった。多くの証言からは，当時の潜在的な社会的不安の大きさがうかがえる。〈ニュージャージーがドイツ人に破壊されているのがわからないんですか。ラジオがそういってるんですよ〉とふれまわった者，〈隕石みたいにみえるツエッペリン飛行艇に似たやつで，ガス爆弾でドイツ人が攻撃してきたんだ〉〈あたしは日本

人かもしれないと感じました。連中はズル賢いからね〉〈この国でも，ユダヤ人を破滅させようとしはじめたんだ〉といった解釈，さらには〈世界がファシストに支配されるなら，生きている目的はないのですから〉と終末を期待した者などなど。こうした誤解や諦観は，やはりこの時期ならではのものだったのであろう。

　ユダヤ系の少年が主人公の"ラジオ・デイズ"にも，彼が太平洋に浮かぶナチス・ドイツの潜水艦を目撃するシーンがある。それは幻想であったにせよ，そうした幻想を見ずにはおられない現実が，一見無邪気にみえる悪ガキたちの毎日にもひしひしと迫っていたのであろう。

　また時局に対する漠とした不安とともに，科学への不信を口にする者もいた。〈ボクはあの連中がいまロケットの実験をやってるって聞いてます〉〈奇妙なことがたくさん起きてます。科学がこんなにも進歩したんだから，火星へも行けるかもわからない〉。科学者＝「あの連中」が，何か不気味なことをしているのではという疑念が世を覆っていた。キャントリルは言う。〈科学教育を受けなかったり，自分のまわりのメカニズムを調べる十分な能力がなかったり，そうした機会を持たなかった人たちにとっては，電話，飛行機，毒ガス，ラジオ，カメラなどは，当惑をさそう以外の何物でもない〉。ラジオは大衆的な娯楽となりつつあったが，依然として不気味な他者へと通ずる，もしくは不気味な他者へと転じかねない「メディウム（原義は霊媒）」であったのかもしれない。

　だが，当時の社会状況を垣間見せる証言の一方で，次のような人間くさいドラマや思わず脱力してしまう発言も残されている。

　〈放送でみんな心配しました。でもわたしの考えたことは，継母の命が少なくとも一〇年は縮まったろうってことでした。〉

〈わしはたまたま立ちあがってラジオにぶつかった。うちのは古いラジオで，すぐ波長が変わるのさ。ぶつかったので別の局が出たんだが，そこでは音楽をやっていたんで，わしは本当に起こっているなら全部の局でそれを放送しているはずだと思ったのよ。〉

初期マスコミ研究の古典として本書が今も読み継がれるのは，その学術的な価値だけではなさそうである。

ハードレイ・キャントリル（Hadley Cantril, 1906-1969）
アメリカの社会心理学者。プリンストン大学で教鞭をとり，同大の世論研究所を設立した。本書はハーバード大学のP・ラザースフェルドらとのマスコミュニケーション研究プロジェクトの成果である。

参考・関連文献
フレドリック・アレン『シンス・イエスタデイ 1930年代・アメリカ』（藤久ミネ訳，ちくま文庫，1998年）
平本厚『戦前日本のエレクトロニクス ラジオ産業のダイナミクス』（ミネルヴァ書房，2010年）
竹山昭子『ラジオの時代 ラジオは茶の間の主役だった』（世界思想社，2002年）
佐藤健二『流言蜚語 うわさ話を読みとく作法』（有信堂高文社，1995年）

ポール・ヴィリリオ

『戦争と映画　知覚の兵站術』
Guerre et Cinéma: Logistique de la perception, 1984

石井直志，千葉文夫訳，UPU，1988 年（平凡社ライブラリー，1999 年）

──メディアの動員，メディアによる動員──

「こっちの目が／テレビ電波を／受信するように／なっちまったんだ」
（楠本まき『T.V.eye』集英社，1993 年）

　1940 年の映画"皇道日本"を観ていた時のことだった。天孫降臨から始まって，『古事記』などの記述を史実として扱い，天皇家の歴史として日本史を語る「皇国史観」解説のための文化映画。内閣情報部賛助など，関係各省庁のお墨付きを得ている。学校の講堂などで生徒たちが授業代わりに見せられたのだろうか。凡庸で退屈な作品としか言いようがなかった。
　それゆえ，クレジットに「撮影及編輯　圓谷英二」の名を発見した時，驚愕してしまった。こちらは，映画"ゴジラ"には間に合わなかったが，リアルタイムで「ウルトラQ」「ウルトラマン」の世代である。幼稚園の頃のことはほとんど忘れていても，白黒テレビでみた円谷プロ作品は，今も記憶の奥底にとどまっている。
　特撮技術の革新をもたらしたあの偉大な円谷が…，真珠湾攻撃を精巧なミニチュアで再現した"ハワイ・マレー沖海戦"で圧倒的な評判をとるわずか 2 年前，この程度の作品に…。それが驚愕の理由だった。
　広告制作者の戦争協力，プロパガンダへの動員について調べてい

た頃にも感じたことだが，戦争は時にメディア・テクノロジーとそのコンテンツの表現技法を一足飛びに進化させていく。まだまだ余裕のあった太平洋戦争開戦前夜につくられた大衆啓蒙のための映画と，日米の激突が始まって以降の戦意高揚のための映画。両者の巧拙の差，つまり後者への技術的な飛躍は，せっぱ詰まった状況がもたらしたものではなかろうか。ともかくゴジラやウルトラマンへの道筋は，戦時中に拓けていったのである。

軍事としてのメディア

　もちろん，プロパガンダの兵器として映画やラジオを活用することは，連合国側も同様である。ヴィリリオによれば〈視覚的情報捏造の仕事を支えたのは，多数の芸術家や詩人であり，芝居や映画の現場の人間だった。ロンドン近郊のシェパートンのスタジオのような有名なスタジオは，偽の装甲車や上陸用舟艇の製作に貢献した〉。そして，1979年の映画"エイリアン"はシェパートン・スタジオで撮影され，映画に登場する宇宙船ノストロモ号には，第2次世界大戦の戦艦・戦車・爆撃機などの本物の部品が使われたという。

　〈一九三九年から活動を開始した英国盗聴機関は，戦後も国際的なプロパガンダとそのシナリオ解読の仕事を続け，今度は東側諸国に照準を合わせることになるだろう。イギリスの技術者は軍隊の特殊手段から映画の特殊効果に容易に移行することができるだろう。古くからあるスタジオ，シェパートンの舞台はSFの模型と道具をたえず置くことになる。〉

　こうしたエピソードを積み重ねながら，多くのメディア・テクノロジーが戦争と不可分なものであること，戦後社会のさまざまなシステムが戦時中に軍事目的とともに生まれたことをヴィリリオは論

じていく。

　たとえば〈偵察飛行機の「眼」はなによりも，初めて飛行機に搭載されたカメラ・レンズの眼である〉，〈ヴィデオグラムがあの「映画技術(シネマトグラフィ)」のさらなる延長線上に，昼夜を問わず，リアルタイムで遠隔地より敵を監視する可能性をもたらす〉，〈戦争は，映像（写真，映画）の兵站術に，音響の兵站術，そしてやがては音楽の兵站術を付け足す〉，ドイツ軍では〈どの連隊にもPK（情宣部隊）がおかれ，映画－軍隊－プロパガンダ，すなわち映像－戦術－シナリオの連動体制ができあがり，情報は即座に集約され処理されたのである〉，〈戦場はもはや運動戦のイメージを映じるディスプレー画面になりかわったのだ〉エトセトラ。つまり〈戦争は映画であり映画は戦争なのだ〉。

　兵站術(ロジスティックス)とは聞きなれないことばだが，今でも運輸業界で使われるように，必要な軍需物資を必要な場所に運ぶノウハウを意味している。こうしたヴィリリオ独特の華麗な文体とアクロバティックな比喩によって，読者たちは「戦争≒メディア」をなんとなく納得させられてしまう。もしくは，幻惑されまいとページを閉じてしまう。好きな人にはたまらないが，嫌いな人には「ワケわからない」となるのが彼の著作群の特徴であろう。たとえば，〈朝鮮戦争の最中，アメリカ軍の写真家によって見出され〉〈「ミス火炎放射器」（女－炎，車両－雷，心臓－エンジンなどマリネッティの二重語が連想される）と渾名がつけられたマリリンは，週に百五十ドルを稼ぎ，兵営の壁に写真が貼られるピンアップ・ガールのなかで一番人気のある存在となった〉という現象をめぐって，次のように述べている。

　〈マリリンの身体は自然なじかの大きさから絶えず逃れ，何物にも結びついてはいないように思われる。巨大なスクリーンのように

拡大することができ，それと同時にポスターの表紙や折り込みのグラビアのように小さくて，いくつかの違った姿を見せ，折りたたみ可能になったりするのだ。このことから，スターの「実際」の身体のサイズを，なぜあれほどまでにエージェントは執拗に知らせようとしたかが一段と明瞭になる。バスト，ウエスト，ヒップの数字は像を正しくとらえるために欠かせない。観測する軍人にとって，参謀本部の地図の欄外に記されたスケールがその地図を読んで判断を下すために必要不可欠であるのとまさに同じなのである。〉

マリリン・モンローのスリーサイズと作戦図の縮尺という飛躍についていけるか，いけないか。1頁に1ヶ所以上の割合で，ヴィリリオの挑発は続いていく。

速度学(ドロモロジー)の文体

こうしたヴィリリオの疾走（もしくは失踪）するような文体は，単にレトリックの選択の問題ではなく，彼の思想・思考ゆえに要請されたものでもあろう。1977年に発表され，ヴィリリオの実質的なデビュー作とも言うべき『速度と政治』（平凡社ライブラリー，2001年）のサブタイトルに「地政学から時政学」とあるように，モビリティの発展とそれによる時間の短縮，空間の圧縮など，「速度」を真正面から哲学の問いとしたのは彼が始めてであった。そうした問題が，社会科学の領域でもあまり考慮されてきたとは言いがたい。速度を体現しない文体で速度を論じても，速度を理解したことになるのだろうかと，ヴィリリオは問うように思われる。内容と形式は分離・独立しうるものではないとの立場から，スピード感溢れる文体が採用されたのである。

電撃戦という比喩的な言い回しや，本書の章タイトルに〈早いも

第2部　マス・メディアの世紀

の勝ち〉とあるように，もちろん戦争と速度は切っても切り離せない関係にある。〈運転を習い，機械工学や無線技術を習得し，オートバイの耐久レースを始めたおびただしい数の若者たちは，それと気がつくこともないまま，まぎれもない軍事訓練キャンプに投じられていたのだ〉。そして，やはり〈映画館もまた軍事訓練キャンプだった。映画館は大衆に彼らがまだ経験していない恐怖，あるいは，実際には存在しない虚構の恐怖を抑制することを体得させる空間だったからだ〉。

　すべてを戦争に結びつけてしまう強引を，許容できない向きもあって当然だろう。だが，1990年にヴィリリオの発表した次の一文は，多くの人にわがこととして感じられるのではないだろうか。

　〈しばらく前のことだが，「あなたが本当に困ることは何ですか？」というマスメディアの質問に，ある若者はこう答えていた。「全てが静止してしまうこと。機械が止まってしまうことさ…。だから一〇日以上の長期休暇(バカンス)は決してとらないね。動かないってことは，怖いことなんだ」。エンストやガス欠を恐れる運転手の不安にも似た，こういった予感は，現代に生きる人々の極度の緊張を明らかにしている。〉(『瞬間の君臨』土屋進訳，新評論，2003年)

　手帳の空白を予定で埋め尽くす，移動中はつねに耳をアイポッドでふさぐ，もしくはケータイをいじり続ける，ハードディスクに何百時間もの予約録画した映像をためこむ…，メディアのヘビーユーザーたちは，つねに臨戦態勢であることを求めているようにも思われる。

1984年，スキャン・フリーズ

　本書は〈一九八四年，スキャン・フリーズ，静止画像。〉と終わ

っている。わざわざ1984年と記したのは，もちろんジョージ・オーウェルの"1984"を意識してのことだろう。先にもふれたようにこの小説は，1948年に書かれたSF小説である。オーウェルは1984年を「テレスクリーン」という装置が人々を支配する世界と予測した。第2次世界大戦中にラジオによるプロパガンダに従事したオーウェルにとって，メディア・テクノロジーは戦争や支配と不可分のものに思われたのであろう。

　1991年に始まる湾岸戦争が'Nintendo War'と呼ばれたように，また2001年の9.11の惨劇がリアルタイムで全世界に中継されたように，オーウェルやヴィリリオの予感ははずれてはいない。村上春樹『1Q84』にはビッグ・ブラザーならぬ「リトル・ピープル」が登場するが，中央集権的なマスメディアとは異なる，今日的なメディア・テクノロジーの寓話化として理解できるだろう。

　また，2009年のアニメ映画作品"サマーウォーズ"は，第2部冒頭に出てきた梁川町の旧家にも似た，長野県上田市の陣内家（ただし，時代設定は現在）を舞台に，高校生の健二が謎の人工知能と戦い，世界を救うひと夏の物語である。だがその戦いはいたって地味で，延々と暗号を解読したり，ゲームのコントローラーやパソコンのキーボード，ケータイのテンキーなどを操作するばかり。

　前出の「動かないってことは，怖いことなんだ」という若者は，10日以上のバカンスを取らないと語ったが，健二たちの数日間の夏休みは，外から見るぶんにはまったく移動・行動していないようでありながら，地球の危機を救うべく壮絶な戦いを繰り広げていたのである。

　もちろん"サマーウォーズ"はフィクションである。だが，そうした戦いがリアリティをもっている現在を，今われわれが生きてい

ることもたしかであろう。ヴィリリオの警句は，単に気のきいた言葉遊びや表現技法としてだけではなく，文字通り警告の章句としても読みうるのである。

―――――――――――

ポール・ヴィリリオ（Paul Virilio, 1932- ）。
　パリに生まれ，パリ建設大学教授などをつとめる。都市計画家を名乗り，軍事・地政学・建築・国土開発などを題材に，独自の思考を展開。『情報化爆弾』（丸岡高弘訳，産業図書，1999 年）など著書多数。

参考・関連文献
　和田伸一郎『存在論的メディア論　ハイデガーとヴィリリオ』（新曜社，2004 年）
　ジョージ・オーウェル『戦争とラジオ　BBC 時代』（甲斐弦ほか訳，晶文社，1994 年）
　ロバート・K・マートン『大衆説得　マスコミュニケイションの社会心理学』（柳井道夫訳，桜楓社，1973 年）
　井上祐子『戦時グラフ雑誌の宣伝戦　十五年戦争下の「日本」イメージ』（青弓社，2009 年）

ダニエル・J・ブーアスティン
『幻影(イメジ)の時代　マスコミが製造する事実』
The Image: Or, what happened to the American dream, 1962

後藤和彦，星野郁美訳，東京創元社，1964年

——現実から虚実へ，想像から現像へ——

「だけどいくら／想像しても／所詮はテレビの／中の出来事で」
（木村紺『神戸在住』8巻，講談社，2006年）

　2007年に放映開始されたテレビドラマ「Mad Men」は，全米で大きな反響を巻き起こした。1960年代初頭のニューヨークの広告街（マディソン・アベニュー）を舞台に，広告マンたちのマッドな仕事ぶりや私生活がリアルに描かれている。アメリカ広告産業の全盛期，クリエイティブ革命と呼ばれるような斬新な広告表現，圧倒的なテレビの影響力，ケネディ暗殺，サバービア（郊外）の憂鬱，職場での性差別などなど。息をつかせぬ展開で視聴者をゴールデン・エイジのアメリカへと引きずり込み，一気にシーズン4までドラマは展開していく。だが残念ながら，日本では「マッドメン」はさほど評判を呼んでいない。やはり，アメリカ的過ぎるほどにアメリカ的なコンテンツなのだろう。

　ヴィリリオは，摩天楼・チューインガム・大量生産・マンガ・野球などと並ぶ，アメリカ的「表徴」の一つとしてハリウッドのスター・システムを挙げ，そこに「軍産複合」を読み込んでもいる。そうした銀幕のスターたちは，やがてテレビへと進出し，時にコマーシャル・メッセージの伝達者となっていった。広告，とりわけテレ

ビ・コマーシャルこそが,アメリカニズムの申し子だったのである。
　ヴィリリオほど過激ではないが,ブーアスティンは歴史家らしく着実に,しかし容赦なく1950〜60年代のアメリカ社会の病理を摘出していく。その議論は,半世紀前のものとは思えないみずみずしさを保っている。

疑似イベントとしての有名人（セレブリティ）

　表題の通り,本書のテーマはアメリカ社会を覆う'image'であり,その端的な例としてニュース,有名人,観光（ツーリズム）が挙げられている。
　ブーアスティンは,リップマンの「疑似環境」論を引き継ぎ,マスコミによってすべてが「疑似イベント（pseudo-events）」化されると指摘する。〈たいしたニュースの載っていない新聞を読んだ後で,読者が「きょうはなんて退屈な日なんだろう」とつぶやいた時代もあったが,現代の読者なら「なんて退屈な新聞だ」と叫ぶことであろう〉。事件が起こらないのならば,何かを事件に仕立て上げよ,というわけである。
　こうした事態は,「複製技術革命（グラフィック）」にともなう,事実とフィクションの転倒によってもたらされた。ブーアスティンによれば,最近〈人々は「ノンフィクション」のことを盛んに話題にするようになった〉理由は,〈昔は人々は「事実（ファクト）」を規範として扱ってきた〉が,今日では〈「フィクション」（これはいいかえれば,「ノン・ファクト」である）のほうがあまりにもリアルで自然に見えるようになったため,事実それ自身は,フィクションからの離脱として描かれざるをえなくなった〉からであり,〈このような思考をめぐらすようになったのは,多分に映画のためである〉。

この疑似イベント化の一環として、いわゆる「セレブ」たちの登場がある。英雄やスターたちが、偉大であるがゆえにその地位についたのに対し、有名人(セレブリティ)たちは「有名であるがゆえに人によく知られた人」なのである。たとえば、今セレブの代名詞とも言うべきパリス・ヒルトン——本書の「旅行者(トラベラー)から観光客(ツーリスト)へ」の章に登場するホテル・チェーン創業者の血を引く——は、ファッション・モデルおよびデザイナー、女優、歌手などさまざまな活動を続けてきたが、そのいずれにおいても顕著な足跡を残したわけではない。あくまでも「お騒がせセレブリティ」として有名であり、あえて言えば、夜な夜なパーティに出没する社交界の名士(ソーシャライト)が本業としか評しようがない。
　以下のようなブーアスティンの警句は、そのままパリスにもあてはまる。〈彼らは、本質的には同じような人たちから、巧みに自分たちを区別することによって成功する〉〈有名人はさらに多くの有名人を生み出す。彼らはおたがいを作り出し、ほめ合い、宣伝し合う〉〈有名人は早く消えて行くが、替わりの補給はもっと早い〉…。そして〈現代では、英雄は賛美され始めるや否や、有名人に変質してしまう〉がゆえに〈奇妙なことに真の英雄は匿名人としてとどまりがちである〉。
　こうした事態の背景には、「民衆(フォーク)」の衰退と「大衆(マス)」の台頭とがあった。〈民衆は彼ら自身で作り上げた宇宙を持ち、巨人と小人(こびと)、魔術師と魔女の住んでいる世界を持っていた。大衆はまったく違う疑似イベントの空想的世界に住んでいる。大衆に配達される言葉やイメジは、有名人を作り出すその過程のなかで有名人の魅力を奪ってしまう〉。

既視感(デジャビュ)としてのツーリズム

 19世紀,イギリス人トーマス・クックは,自らの名前を冠した旅行代理店を成功させ,アメリカンエキスプレスはトラベラーズ・チェックを始めた。やがてパッケージ・ツアーが定着し,〈旅行者の危険が保険の対象にされた時,その旅行者は観光客になった〉。そして観光客は,冒険ではなくアトラクションを求るのである。
 〈観光客は戯画化されたものを捜し求めるし,旅行代理店も外国の観光案内機関もすぐにそれを与えてくれる。観光客が正真正銘の外国文化(しばしば理解しがたい)を愛好することは稀れである。観光客は,自分の偏狭な期待を満足させたがる。…日本でのアメリカ人観光客は,日本のものよりは,日本風のものを捜し求める。芸者は風変わりな東洋の売春婦にすぎないと信じたがる〉。要するに〈われわれは現実によってイメジを確かめるのではなく,イメジによって現実を確かめるために旅行する〉。
 その結果,〈イスタンブール・ヒルトンの周囲には,本当のトルコが横たわっている。しかしホテルの内部には,トルコ的様式の模倣があるだけ〉であり,〈トルコのまんなかにありながら,トルコの経験を間接的にしか味わえないという不思議な現象が生じる〉。また〈イエローストン国立公園が観光地としてとくに名高いのは,爆発し,沸騰する間歇泉の自然現象が,観光客のために「定期的に」演じられるアトラクションの人工性に近いものを持っているから〉であり,〈そこでは自然現象が疑似イベントを模倣〉するという奇妙な事態も生じている。
 ブーアスティンの「レディ・メイドの冒険」という用語を目にした時,私がまず想起したのは,1996年に放送されたテレビ番組「進め!電波少年」のコーナー「猿岩石のユーラシア大陸横断ヒッ

チハイク」であった。無名の若手お笑いコンビが，いきなりテレビ番組の企画として，香港からイギリスまでのヒッチハイク旅行を命じられる。その道程をテレビカメラは追い，番組で放映され続け，いつしか二人は国民的な人気者となっていく。ただし，この番組のプロデューサーの談によれば，企画の着想は，あるノンフィクション・ライターのバックパッカー体験記から得たのだという。

　複製技術による書物を読んだ，テレビという複製技術の送り手によって，あらたな有名人が作り出され，彼らの旅行日記や歌などが複製技術によって広まるが，ブームはあっという間に去り，とりたてて芸のない彼らは解散・引退や雌伏を余儀なくされるが，またその浮き沈み話がテレビのトークショウでウケたことをきっかけに，一人は「かつて有名人であったことで有名」というポジションを獲得し，以下エンドレス。

合わせ鏡としてのマスメディア

　「幻影」をタイトルに掲げる本書には，鏡の比喩が頻出している。

　〈偉大な人物を捜す場合でも，また外国での経験を求める場合でも，われわれは窓から外を見る代わりに鏡のなかを見ている。そこに見えるものはわれわれ自身の姿である。〉

　〈映画と本はたがいに鏡になって照らし合っている。いずれも，われわれが自分で信じたいと思っている空想的で，非現実的なイメジを提供してくれる。音楽はムードを映す鏡となった。経験というものは，室内装飾と大差ないものになった。〉

　〈世論はかつては大衆の意見の表明であったが，今日では，ますます人々がそれに自分の意見を適合させるイメジになっている。世論は，前からそこにあったもので満たされるようになっている。世

論とは，鏡のなかをのぞき込んでいる人々のことである。〉

　多様な事象を取り上げながらも，ブーアスティンが一貫して問題としたものは，テクストやアイコンが網の目のように相互に引用しあう空間の拡大であり，その中で自己言及的に自己を構築していかざるを得ないわれわれの姿であり，外部として存在していたはずの現実（もしくは絶対的な価値の尺度である理想）の消失であった。それゆえ商品や企業の自己言及である広告やPRに関して，本書は多くのページが割かれることになる。商品も企業も有名であろうとする点は，有名人同様である。ブーアスティンは「製品名（ブランド・ネーム）」から「有名製品（ネーム・ブランド）」への移行を，エア・ジョーダン——NBLのスタープレイヤーであるマイケル・ジョーダンタイプのバスケット・シューズ——の爆発的人気の30年以上前に予見していた。

　〈自己実現の予言の魅力。グラフィック革命は広告業者に，物事を「真実」にしてしまうという前例のない力を与えた。ニュース製造業者，有名人製造業者，旅行代理業者，映画監督，アマチュア写真家，そしてわれわれのひとりひとりについても同様である。〉

　〈われわれの関心は，あるはっきりとした機能を果たすための製品を見いだすことにではなく，われわれがほしいと思っている製品の本当の機能はいったいなんであるのかを見いだすことにそそがれることになる。〉

　〈人気と名の知られていることが商品の重要な価値となっている今日のアメリカでは，消費者自身は，広告の予言を実現させる魅力的なチャンスを与えられている。〉

　アメリカ社会学の文脈において「予言の自己成就」とは，「人々がそれを真実だと思うゆえに，それは真実となる」といった命題として議論されてきた。本書とほぼ同時期のベストセラーであるバン

ス・パッカード『かくれた説得者』(林周二訳，ダイヤモンド社，1958年)は，広告業者が「Aという商品を広告でBと言うことでAはBとなる」魔術を駆使していると告発した。ブーアスティンはもう少し慎重に，複製技術革命もあって「AをBとする広告によって，多くの人がAはBだと思うようになり，実際にAがBとなっていく現象も今日よく見受けられる（し，その傾向は加速している）」と主張した。

その後，『かくれた説得者』は世の中から忘れ去られたが，『幻影の時代』は読み継がれている。それは，人々が後者の書の中に，自らの姿の鏡像を見出し続けているからではないだろうか。

ダニエル・J・ブーアスティン（Daniel Joseph Boorstin, 1914-2004）
　アメリカの文明史家。シカゴ大学教授を長くつとめる。アメリカ大衆文化について幅ひろく論じ続けた。著書にピューリッツァ賞を受賞した『アメリカ人』(新川健三郎，木原武一訳，河出書房新社，1976年)など。

参考・関連文献
　D・ダヤーン＆E・カッツ『メディア・イベント　歴史をつくるメディア・セレモニー』(浅見克彦訳，青弓社，1996年)
　石田佐恵子『有名性という文化装置』(勁草書房，1998年)
　山口誠『ニッポンの海外旅行　若者と観光メディアの50年史』(ちくま新書，2010年)
　ジョン・スタインベック『チャーリーとの旅　アメリカとアメリカ人』(深沢俊雄訳，大阪教育図書，1998年)

リチャード・ホガート

『読み書き能力の効用』
The Uses of Literacy: Aspects of working class life, 1957

香内三郎訳, 晶文社, 1974年

──（非）階級文化としてのメディア──

「フと／外を／見ると／全部の家が／ドリフ!!」
（松田奈緒子『スラム団地』メディアファクトリー，2009年）

　1958年出版のアラン・シリトーの小説を映画化した"長距離ランナーの孤独"（1962年，イギリス）。窃盗で少年院（borstal）に入ったコリン・スミスは，そこでクロス・カントリーの選手としての才能を見いだされた。速く走っている限りは，少年院の名誉として優遇される毎日。院長や教官の期待をうけて，コリンはパブリック・スクールとの対抗戦に臨むが，大人たちに利用されることに嫌気がさし，ゴール前で走ることをやめてしまう…。

　映画ではこうしたストーリーに，収監される以前のコリンの日常がはさみ込まれている。コリンが生まれ育ったのはイングランド中部の都市。組合活動にも熱心だった工場労働者の父──コリンによれば「週給9ポンドでこき使われた」──が亡くなり，思いがけない保険金が舞い込むと，母と弟妹たちはデパートで散財し，テレビを買い込む。コリンも母から貰った分け前で，一等客車で海岸にデートに出かけたりもする。だが失業中の身ゆえ，瞬く間に無一文に戻り，深夜パン屋に忍び込み，手提げ金庫を盗み出す。

　このようなシリトーの一連の小説は，シリトー自身が労働者階級

の出身であるため，登場人物たちのライフスタイルの描写は微にいり，細にいる。ホガートは，シリトーよりも10歳年長だが，やはりイングランド北部の労働者階級の家庭の出身。原著のサブタイトルにあるように，本書は「労働者階級の生活の諸相」を描きだしており，ホガート自身の体験も随所に盛り込まれている。

キャンディ・フロストの文化

本書の第1部「より古い秩序」は，産業革命以降，第2次世界大戦に至るまで営々と築きあげられ，脈々と受け継がれてきたイギリスの労働者階級のエートス（慣習）が検討されている。自国（ないし自地域）至上主義で，時に排外的だったり性差別的だったりする，男性性ないし筋肉中心の価値観。紅茶やビール，フィッシュ＆チップス，何よりも地元のフットボール・チームへの愛着。肉体労働への誇り。そして，中産階級的もしくはホワイトカラー的だったり，教員・警官・役人など体制側だったりする「やつら」への軽蔑。メディアとしては，扇情的なタブロイド紙への偏愛。本書の前半は，こうした文化の詳細な記述へと捧げられている。

そして後半部は，戦後から1950年代にかけての現状が論じられている。第2部「新しい態度に席をゆずる過程」の冒頭には次のようにある。

〈ここまで，私は主として，若干の古い要素が労働者階級の生活に頑強に残っている，その残り方に目を向けてきた。そして，もっとも目ざましい特徴は，いまや，ほかの領域からこれだけありとあらゆるアピールが労働者階級の人びとに向けられているにもかかわらず，いいにせよ悪いにせよ，古い態度群がなんとか生き残っている，その範囲の広さであろう。〉

労働者階級に向けてのアピールの一つが,わた菓子(キャンデイ・フロスト)の世界への誘いである。たとえば,〈新しい体裁のよい婦人雑誌〉の戦略は,特に〈母親よりはスマートでありたいと思っている労働者階級の若い女性〉に奏功しており,彼女らに〈ちょうど中産階級とおなじように「しゃれた」生活のビジョンを提供することになる。「ちょっとのクレトンで奇跡が行える」「――で私はどう寝室を豪華にしたか……」「バースデー・カードの新しいととのえ方」〉等々。こうした断片的な情報が積み重なり,クルーナー(囁くようなポピュラー音楽の歌唱法)に代表されるような甘ったるく,確たる実体のない「わた菓子のような文化」が当時のイギリス社会を覆い始めていた。それは,マスメディアのもたらす大衆文化(マスカルチャー)であり,アメリカ文化の影響の色濃いものであった。

また,ヴィリリオ同様,ホガートも〈二〇世紀半ばの大衆芸術の最も人目を惹く視覚的特製品〉としてピンアップ写真に言及し,〈ピン・アップは昔も今も,軍人の宿舎やトラックの運転台の標準的な飾りである。だがいまや,欲すると否とにかかわらず,われわれはみんながそれに襲われている〉。こうした写真が満載の雑誌から有名人(セレブリテイ)が産出されていく様子は,1950年代,大西洋の両岸において同時進行的であったのだろう。

だが,世界的な大衆文化への流れの一方で,それにもかかわらず生き残る「古い態度群」。〈多くの家庭生活はそのまま営まれ,襲いくるキャンデー・文学の雨が間断なく降りそそいでいても,これまでのところリズムや価値を少しも乱されないでいる〉。50年代のイギリス社会を舞台に,大衆文化と労働者階級文化との間の微妙な振幅を描いたのが『読み書き能力の効用』なのである。

ジューク・ボックス・ボーイズ

"長距離ランナーの孤独"の中にも，テレビが居間に現れたことによって，スミス一家がテレビ・コマーシャルによって欲望を刺激され，ショッピングへと駆り立てられていった様子が描かれている。アメリカ風のジングル（宣伝文句をオーディエンスの脳裏に刷り込むための楽曲）が，イギリス・ミッドランドのワーキングクラス・コミュニティに鳴り響いていたのである。

そのコリンは，ミルク・バーなどでデートを繰り返していた。それはまさしく〈人口一万五千人以上の北部の町にはほとんどどこでも一軒はあるような——若者たちが夕方きまって落ち合うことになるようなミルク・バー〉であり，主に〈カッコのよい服，映画に出てくるようなネクタイ，縁のタレたアメリカ帽子をかぶった十五—二〇歳ぐらいまでの少年〉たちがたむろし，一杯のミルクセーキで1，2時間ねばって〈その間じゅうつぎつぎと銅貨を入れてレコード演奏の機械をならすのだ〉。そして，ここでもその〈ほとんどすべてがアメリカものだ〉。親世代の文化であるがゆえに，その労働者コミュニティの文化を忌避した若者たちは，海外の大衆文化，若者文化に反応していった。

またこうした若者たちは，〈安っぽいセックス小説〉など大衆文学の受容層でもあった。〈私は主としてジューク・ボックス・ボーイたち，を考えることから，かれらを都会青年層における下層レベルの読物を論ずる場合の人体模型とみなして，始めた。かれらにつけ加うるに，既婚者の若干，他のどの集団よりも，本を手から手へまわし読みする召集兵の大群が入るだろう。…こうした本を読むことを，表にあらわれる非行に関連づけるのは容易すい。しかし，私の知るかぎりでは，そうした関係の存在を証明した者はまだこれま

でのところいないのだ〉。

　青少年犯罪の原因として，彼・彼女ら向けのメディアやコンテンツが断罪されることは，時代や洋の東西を問わないのである。またホガートは，〈大衆文学，なかんずく，そのより発達した現代のものを見て，「お上」によるある種の陰謀，労働者階級をおとなしく麻痺させておく利口なやり方をかぎつけたがる社会批評家〉への違和感も表明している。そうした教条主義的な理解に収まりきらない世界を，本書は描こうとしたのである。

シニシズムとデラシネ

　コリンたちは，ジューク・ボックス・ボーイズであるとともに，映画の中では母親から「テレビボーイズ！」と罵られている。テレビに釘付けになるだけではなく，保守党の政治家の演説放送を，音声をオフにして視聴し，パクパクと口を開くだけの間抜け面をあざ笑ったりもしていたからである。

　〈人びとは「つかまえられている」のを知っているが，たいがいの説得を「やつら」の世界へ移管することで，自分たちへの影響を制限している。かれらはいう，「おおやつらはいまじゃなんだって新聞においとく〔なんだって言う〕んだから」とか，「やはりそいつは本にすぎない」と。「かれら」は新聞をなん百万となく買う。だから編集者は選挙の時に，人びとを社の思うように投票させようと努力する。お客の方は，政治のことなど全然書かない新聞をとっているのでもなければ，そうした説得をみることはみているのだが，それとはほとんど無関係に投票し，それでいて別に悪意をもつこともなく，相かわらず買いつづける。…読者は好きなだけ面白いことをそこからひき出せば，それでいいんだ，と。〉

政治家・教師・聖職者などとともにマスコミの「やつら」は，結局は「おれたち」には無関係な存在なのだ，という冷笑。そうしたシニシズムは，ホガートのように労働者階級のコミュニティに生まれながら，成績優秀なため奨学金を得て高等教育へと進んだ者たちへとはね返ってくる。〈これは書きにくい章だ。どうあっても書かなければならないのだが〉で始まる「奨学生」の章は，階級文化から遊離したホガート自身の「根無し草(デラシネ)」意識の産物である。

もちろん，労働者階級にとどまりながらも，教育や教養を求める〈熱意ある少数派〉の存在は認められる。だが〈今日，知的少数派の多くは十一歳のときに選別されて，高等教育を受ける過程で，しばしばほかの階級のメンバーに転位されてしまう〉。第2次世界大戦後，労働者階級文化の再生産の中心は，趣味の世界——ガーデニング，鳥の飼育，サイクリングなど——へと移っていった。労働者階級文化が，戦後の社会構造・産業構造の変化の中で，消失ないし変質の危機にさらされているがゆえに，ホガートの論調は，より過去へのノスタルジーの色彩を強めていく。

〈古い階級間障壁の多くが，打ちこわされなければならないことは，いうまでもない。しかし，いまや，より古く，より狭い，がずっと純粋だった階級文化が，大衆的意見，大衆娯楽商品，規格化された感情反応のために浸食されつつある。クラブ・合唱の世界はしだいに類型的なラジオのダンス音楽，クルーニング，テレビ・キャバレー，コマーシャル・ラジオのバライエティによって，しだいに置き換えられつつある。大衆新聞が産み出そうとしている画一的なこの国の人間タイプは，ハリウッドの映画スタジオが大写しにして提供している画一的なインターナショナルな人間タイプでしかない。〉

階級文化の伝統は，〈より貧しい「階級のない」〉あるいは〈「顔のない」文化で置きかえられてゆく危険にさらされている。これが残念なのだ〉とする一文に，ホガートやレイモンド・ウィリアムズのように階級の梯子(ラダー)を上っていった知識人(インテレクチュアルズ)の思いが込められていよう。

リチャード・ホガート（Ricard Hogart, 1918- ）
　イギリス，リーズの労働者階級の出身。英文学を専攻し，1962〜73年バーミンガム大学現代文化研究所の所長としてカルチュラル・スタディーズを牽引。著書に『オーデン序説』（岡崎康一訳，晶文社，1974年）などがある。

参考・関連文献
　ポール・ウィリス『ハマータウンの野郎ども　学校への反抗・労働への順応』（熊沢誠，山田潤訳，ちくま学芸文庫，1996年）
　吉見俊哉『メディア文化論　メディアを学ぶ人のための15話』（有斐閣，2004年）
　伊藤守編『文化の実践，文化の研究　増殖するカルチュラル・スタディーズ』（せりか書房，2004年）
　高山智樹『レイモンド・ウィリアムズ　希望への手がかり』（彩流社，2010年）

エドガール・モラン

『プロデメの変貌　フランスのコミューン』
Commune en France: La Métamorphose de Plodémet, 1967

宇波彰訳，法政大学出版局，1975年

——テレビがもたらしたもの，テレビがもちさったもの——

「テレビから／除夜の鐘が／聞こえてきた／——そんな風に／情けなく／今年が空に／消えてゆく…」
（羽海野チカ『3月のライオン』3巻，白泉社，2009年）

　エドガール・モランという知の巨人——その自伝の邦訳副題に「わが雑食的知の冒険」とある——をメディア論の文脈に位置づけようとしたとき，映像文化の起源を探った『映画　あるいは想像上の人間』（杉山光信訳，みすず書房，1971年）やジェームス・ディーンやマリリン・モンローを題材にした『スター』（渡辺淳，山崎正巳訳，法政大学出版局，1976年），大衆文化を広範に論じた『時代精神Ⅰ・Ⅱ』（宇波彰訳，法政大学出版局，1979・1982年），'サマー・オブ・ラブ'の文化変容体験記『カリフォルニア日記』（林瑞枝訳，法政大学出版局，1975年）など，数多くの著作群が浮かび上がってこよう。

　だが，ここでは『プロデメの変貌』について考えたい。フランスの西の果てのブルターニュ半島の最西端，〈西欧世界が終わるカンペールとラー岬のあいだ〉に，人口3700人のプロデメ（実際の地名はプレゼヴェ）はある。1964～65年頃，モランはこの地に調査に入り込み，詳細なモノグラフを書き上げた。〈旅行者，まして急ぎ足の調査者〉は，一つの村とプロデメをとらえがちだが，農業・漁

業以外に商工業などもあり，そこには多様な生活のあり方が混在している。1200 人が住む中心地区に〈都市の文明が見えていることは，家々の外観，通りに面して並んでいる商店，五軒の卸売り問屋，三つの中学校，三つの工場，二つのホテル，一つの映画館，フットボールの競技場によって示されている〉。

では，1960 年代の大きな社会変動の中で，この共同体(コミューン)にどのような変化が生じたのであろうか。

若者たちの世界

中心街には 3 軒カフェがあり，若者たちが集るため，ジュークボックスやピンボールマシンなども置いてある。またタバコや雑貨なども販売し，保険の代理業や新聞・雑誌の取次・配達もうけおっている。映画館はホテルの中にあり，週に 2 回映画を上映する。

プロデメの若者たちは，彼らのたまり場となりうる施設ないしクラブを希望し，モランにも相談を持ちかけている。ステレオつきのダンスホール，卓球台・ミニサッカーのコート・ピンボール・テレビ・読書コーナーのある遊技室，そしてフォークソングやハイキングなどのリクリエーションなど。1965 年には手始めに映画会やダンスパーティが企画された。

〈ホテルの経営者のカラデックが宴会場を提供した。クラブは今や《青少年とレジャー》という名の正式の団体になり，イエイエのレコードジャケットでその部屋を飾り，卓球台と遊技台を設置した。そして七月一六日，ヴァカンスのあいだ編成された小さなオーケストラが景気をつける最初の《パーティ》が開かれ，これが夏のあいだ続けられる週ごとのダンスパーティの始まりとなるはずであった。〉

イエイエ (yeye) とは、シャンソンにロックの要素を取り入れ、ビートを強くした60年代フレンチポップスを指すが、音楽だけに限定された流行現象ではなかった。〈若者たちを培っている文化は、包括的に、また一般的にイエイエと呼ばれている。イエイエはまったくあいまいな表現のなかに、生活のスタイル、始まったばかりかあるいは萎縮したイデオロギー、趣味・態度の全体、リズムのある音楽──それらを包括した用語であるが、何よりも気晴らしを中心にしている〉。

また先の引用に「…となるはずであった」とあるように、数度のパーティの後、このクラブは分裂してしまう。若者たちの間にも「貴族／民衆」の別があり、たとえばトランジスタ・ラジオは広く普及したのに対し、ポータブルの小型プレーヤー、とりわけ〈テープレコーダーは上流カーストだけが使っている〉といった階層差が存在したのである。親世代への反発という点では世代的な連帯感を持ちながらも、決して若者たちも一枚岩というわけにはいかなかった。

ただしパーティは、カーストの垣根を下げるものでもあった。映画は〈最初のような魅力はもうない〉上に、若者たちの集まりでも楽しまれるテレビも〈あまりにも家庭とは密着してはいる〉。それゆえ〈リズムとダンス、メロディと歌の共生は、孤独な時間を満たし、心の触れ合いを生み出し、若者たちを個人的にも集団的にも結び付け、この気晴らしの文化を生長させるシステム、そのような文化を結合する組織として構成する〉。ゆえに〈医師のオージェルデュイの息子たちさえ、《青少年とレジャー》のクラブに参加していた〉。

テレビと地縁的共同体

　この地域社会にもっとも大きなインパクトを与えたものは，モータリゼーションとテレビジョンであった。

　〈モーター付自転車は，ラジオとともに，農村地帯では一九五〇年から普及した。観光旅行のための自家用車の時代は一九五三年から始まる（特にシトローエン CV2, それからルノー 4, シトローエン＝アミ 6)。そして一九六五年に，青年たちが車を持ち始める。テレビの地方局が設けられて三年後に，五軒に一軒の割合でテレビが普及する。〉

　〈テレビによって，ブルターニュ語しか話さなかった年老いた農村の女たちはフランス語が話せるようになり，プロデメを国全体の時の流れに合わせるようにしている。テレビは現代世界について教える。田舎のひとたちのあいだで，《独学》するひとが再び現れて来る。八〇歳の生徒であるテレーズおばあさんは，《テレビのおかげで毎日学校へ行くのと同じです》と言っている。〉

　このように，テレビがもたらす全国的な均質性やモダニティをプロデメの住人は受け容れる一方で，〈収穫祭・新しい麦打場・腰掛付きの馬車による競馬・祝祭日・集団による徹夜・村の広場での日曜の遊びなど，古くからのひとびとのコミュニケーションへのノスタルジーはあいかわらず残している〉。〈コンバインは収穫祭にとどめをさし〉〈村の人口が減ったために日曜の遊びがなくなった〉のと同様に，〈テレビのために徹夜がなく〉なったことも残念に感じている。

　その一方である主婦は，〈家のなかのやすらぎが他人に乱され，部屋が汚れるのを避けるために〉，テレビを買いたがる夫に抵抗している。また〈テレビを最初のうちに設置したひとが，アンテナを

倉庫のなかに隠すのは，嫉妬されるのが心配だからである〉。そして，テレビ自体とともに，テレビの伝える内容もけっしてプラスの機能のみを果たしたわけではない。新聞の地方版が繰り返し交通事故を報道するために，〈非常に年老いたプロデメのひとたちにとって，自動車とは人を殺すもの〉となり，〈二人の医師によると，心筋梗塞・コレステロール・ガンに対する不安神経症が最近になって見られるということで，彼らはそれがテレビの医学番組のせいだと考えている〉。

だがそうした逆機能を指摘する声はありつつも，テレビの普及への流れは不可逆的であった。〈一八歳のマルセルとアントワネットは，現代とは現代風の家を持つこと，きちんとした身なりをすること，一番きれいなテレビを買うことだと説明している。《それがブルジョワ的な気持です》とアントワネットは言い，マルセルは，《それは世間一般の気持です》と言っている〉。

『オルレアンのうわさ』

では，プレデメの「現代女性」たちは，どのように変わり始めていたのだろうか。

〈女性のパンタロンは世界のなかでの独立の意志を象徴的に表現していた。自動車を持つことは，男性の特権をまたひとつ支配することであり，空間のなかでの独立を保証し，家庭での自立を完成させる。自動車によって，道路・ショーウインドウ・映画・都会の友人への道が開かれる。〉

〈プロデメで売られる日刊の新聞以外の雑誌類の大半が女性向きのものであることを示している。これらの女性向きの雑誌は，実用的な領域（モードの雑誌）と想像の領域（小説の雑誌）という二つの

流域のなかで，重要な役割を演じている。そしてこの二つの領域は，『エル』と『マリー・クレール』の両誌では結合されている。女性雑誌は，パリとプロデメとを永続的に媒介するものであり，夢の酵母と同時に，モードのモデルだけではなく，行動と生活のモデルを普及させる。〉

 こうして地方の「イエイエ化」が進む中で，1969年にはパリにほど近い小都市オルレアンで，街のある洋品店（ユダヤ人が経営する）の試着室から若い女性が忽然と消え，誘拐されてしまったという奇怪な噂が，若い女性たちを中心にパニックを引き起こす。この時もモランは，現地に入ってすぐさま調査を開始した。これが噂（rumor）ないし口コミ（word-of-mouth）研究の古典とされる『オルレアンのうわさ』（杉山光信訳，みすず書房，1980年）へとつながっていく。

 これは，ある雑誌記事がきっかけとなった都市伝説の類であるが，ではなぜこの時期，こうした噂の流布をみたのだろうか。ここでは『オルレアンのうわさ』から2ヶ所抜粋しておきたい。

〈うわさがおとなたちの社会に浸透していったとき，娘をもつ家庭の母親や，一部の女教師たちは，試着室での誘拐のことを，イエイエにとっては致命的な，だがその必然的な帰結として，つまりイエイエが隠しもっていた危険を具体的な形であらわしてきたものと受けとったのである。この危険のことを，彼女たちはむだな金づかい，軽佻さ，自由な，そして危険な（堕落と不道徳なことはいうまでもない）性的な行動への傾斜としてとらえ，たえず告発してきたのである。〉

〈分岐点としての一九六〇年ごろから，フィクションのなかで，妄想的イメージをかきたてるようなものの圧力が，強まっていくの

をみる。とくに,テレビによって広められていく映像のなかで,しだいに「人命を失うこと」——死を多くみるようになる…。また,いまではそれが特徴となっているある種の雑誌のなかで,ニュース記事ともフィクションともつかぬ分類のやっかいな領域が形づくられてきているが,この領域では現実のものと想像上のものとの間ではっきりした境界をひかれることはなく,相互に境界の侵犯が行われている。〉

プロデメに「現代」をもたらしたテレビなどのマスメディアは,反ユダヤ主義や中世的な神話のよみがえりにも寄与していたのかもしれない。それはパーソナル・コンピュータとインターネットの普及が,偏見や対立を消し去るどころか,むしろそれらを再生産する側面を有していることと同型的な問題かもしれない…。

1960年代フランスの田舎町や小都市での日常と非日常は,それから半世紀過ぎた私たちにとっても生々しく迫ってくる。

エドガール・モラン(Edgar Morin, 1921-)
　フランスの社会学者,評論家。数多くの時評とともに,『失われた範列』(古田幸男訳,法政大学出版局,1975年),『出来事と危機の社会学』(浜名優美,福井和美訳,法政大学出版局,1990年)など,人間学ないし文明論としか呼びようのない,領域横断的な著作も多い。

参考・関連文献
　山田登世子『メディア都市パリ』(青土社,1991年)
　前納弘武編『離島とメディアの研究　小笠原篇』(学文社,2000年)
　ジョン・サベージ『イギリス「族」物語』(毎日新聞社,1999年)
　難波功士『族の系譜学　ユース・サブカルチャーズの戦後史』(青弓社,2007年)

萩元晴彦,村木良彦,今野勉

『お前はただの現在にすぎない　テレビになにが可能か』

田畑書店,1969 年（朝日文庫,2008 年）
——テレビとは何かを,ただただ問い詰める——

「アイツがいた／ということを／証明し続けるのが,／あなたの／役割なのかも／しれない。」
（浅野いにお『ソラニン』2 巻,小学館,2006 年）

　1966 年,TBS テレビ報道部の萩元晴彦は全編インタビューによる番組「あなたは…」を企画する。829 名の一般人に「いま一番ほしいものは何ですか」に始まり,さまざまな質問をたたみかけ,「最後に聞きますがあなたはいったい誰ですか」と問うたこの作品は,芸術祭奨励賞を受賞している。

　翌 67 年には,萩元・村木良彦共同演出による「緑魔子,私は…,新宿編・赤坂編」がオンエアされる。これは女優を街頭に立たせ,道行く人に自由に自身の話をするよう促し,その一部始終を中継するというドキュメンタリー番組であった。人々の発言を生放送・ノーカットで流していくため一切 CM を挟まず,スポンサーからのメッセージはテロップで入れるという徹底ぶりだった。萩元は言う。緑魔子は〈戯曲を演じるのではなく,演出家の指示だけではない,彼女の存在そのものが問われる,そこが面白いんですよ〉。

　こうした前衛的な手法が試され得たように,1960 年代後半はまだまだテレビの草創期であり,疾風怒濤の時代であった。その渦中にあったテレビマン 3 名が,「テレビのような本」を作ろうとした

のが本書である。文庫版あとがきによれば、当時「テレビのような」とは、〈雑多だがアクチュアリティがあり、形式にとらわれず、即興性に満ち、自由闊達で、あらゆる人の声に耳を傾けつつ、己のメッセージを明確にし、匿名性に隠れず、といって芸術家のようにエゴを出さず〉を意味していたという。やはりこの頃が、熱気と可能性に満ちたテレビの青春期だったのである。

テレビがまだ熱かった季節

萩元らの動きに触発され、1967年にある若いTBSのディレクターが「わたしは…新人歌手」を発表する。画面いっぱいに映し出された21才の女性歌手が、まっすぐカメラに向かってモノローグを続けるだけの30分番組。TBSでドラマなどを担当していた今野勉は、この作品を次のように評している。

〈この番組が成功したのは、藤ユキという新人歌手の実在感に負っているという見方も成り立つが、逆に、そのような実在感をこのような手法で出そうとした制作者の思想に負っているということもできる。そしてその方が正しいのである。制作者には「藤ユキ」が必要であったのではなく、この手法に耐えられる誰かが必要だっただけなのだから。従ってこの番組の制作者は、単なる報告者であることに成功したのではなくて、何かを表現することに成功したのである。〉

いっさいのテレビ制作のテクニックや作為を排しつつも、それがテレビ番組として成立すること。この番組の根底には、「テレビジョンとは何か」「テレビに何ができるのか」といった問いが横たわっていたのである。

このような実験が許された自由な企業風土は、皮肉なことにこの

若いディレクターがきっかけとなり，大きく覆されていく。報道部に所属していた同ディレクターは，成田国際空港の建設反対闘争を取材する過程で，反対派の主婦や学生をTBSのクルマで集会へと運んだ。このことを政府・自民党は問題化し，ゲバルト学生を支援するTBSというネガティブ・キャンペーンをはり，放送免許の停止をちらつかせたりもした。そして，このディレクターへの休職処分，さらにはスポンサー受けする番組を作らないという理由での村木の配転などもあって，TBS闘争と呼ばれる労使間の対立がまきおこる。1968年，日本でテレビ放送が始まって15年目の動乱であった。

答えることより，問うこと

そうした騒ぎの中，「テレビとは何か」の切実な問いが繰り返され，それへの答えが積み重ねられていく。

たとえば，〈テレビジョンはフィクションもノンフィクションもひっくるめてすべてドキュメンタリーである〉。テレビとは絵だと考えられがちだが〈テレビは時間である〉，つまり〈時の流れの中のぬきさしならない一点の具象として継起するさまざまな人，さまざまな物の，その一点ずつの「刻み」。それらの人・物とぼくらはテレビを通して「時間を共有」する〉。〈テレビジョンはジャズです。…送り手と受け手があるのではなく，全員が送り手と受け手なのです。すでに書かれている脚本を再現することではなく，たえまなくやってくる現在(いま)に，みんなが，それぞれの存在で参加するジャム・セッションです〉。大学紛争，とりわけ東大安田講堂をめぐる機動隊と学生活動家たちの激突など〈人びとは事件の生起から終結までを持続して見たい──ということを。そしてテレビジョンとは，そ

れが可能な媒体なのである〉。〈テレビは液体である〉，〈見せるものではない，させるものだ，行為するものだ〉，視聴者もまた共感や反撥を含めて自分の作品を作っているのだ…。

　村木は言う〈「テレビジョンとは何か」という問いは，普遍的な答え，テレビとは○○だということを要求するのではなく，その普遍を求めて，個がどう迫るかという問いです。つまり「私にとって」，或いは「あなたにとって」ということが必ずついてまわるのです〉。今野も言う〈事実とは，自分と関係ないところで起こったことを外からじっと見ることではなく，自分とのかかわりが事実なのです〉。

　以下，テレビを規定したことばを拾っていくと，やはり「わが身のこと」であり，「大衆」であり，「ケ（日常）」であり，かつ何らかとの「対面」であるとともに「参加」である。なぜなら〈見るとは，出来事や事物を見ることではなく，己との関わりにおいて主体的に捉えることによってのみ成立するものではないか〉。一方，テレビ局社員である三人にとっては，「機構」や「装置」であり，テレビジョンと名付けられた「技術的可能力」であったりもする。一方受け手にとっては，「窓」であり，「目で噛むチューインガム」であり，それへ反応は一種の「生理」であったりもする。そしてテレビを「非芸術」であり「反権力」とした3人は，テレビ局から離れるが，テレビ業界には残り続けた。

　人の立場によって，時代の移り変わりによって，その時の気分によって千差万別である（もしくは，あり得た）テレビ。さまざまな定義や比喩を積み重ねていった本書ではあるが，一貫してこだわっているのは「テレビのメディア性」であった。たとえば，〈テレビは第五の壁である〉。第四の壁とは，劇場において舞台正面に位置

する想像上の壁であり，この透明な壁を通して観客は演じられている世界を見ることになる。そこにつけ加わる第五の壁は，決して透明ではなく，何らかのフィルターとして機能しよう。今野〈内容は形式を決めるが，テレビというメディアによってぼくらは決められているんですよ〉。萩元〈「番組を良くしたい」って発想はすべて駄目。「テレビジョンをどうするか」ってことですよ。要は…〉。

3人は〈お芝居を作ってテレビカメラでうつしとるだけのテレビドラマの制作者たち〉や〈「客観的事実」の幻想にとらわれたニュースマンたち〉を批判したのである。

安田講堂から椿事件へ

彼らは，自らにテレビとは何か，何ができるかを問うただけではなく，多くのテレビ関係者にコメントを求めていった。日本テレビの敏腕ディレクター井原高忠は〈下世話で大いに結構！〉と答え，ワイドショーの司会で人気を博した桂小金治は〈お答えすることが難しいです。勘弁して下さい〉，NHKでドラマ演出に腕をふるった和田勉は〈す早く撮るということね，す早く拾い集めるということがテレビ的だと思うんですよ〉，当時東京12ch（現テレビ東京）のディレクターだった田原総一朗は〈視聴者にテレビを見るという「浪費」を身につけさせてしまった〉，そしてコメディ番組「てなもんや三度笠」などで知られた澤田隆治は〈もう最近の人はね，ニュースに対する反応がひじょうにきついから，いくらニュース解説であれは学生がダメだと言ったって，画を見てて，自分で判断しちゃうわけですよ，音を消して自分で判断しちゃうわけですよ〉と語っている。

こうした本書の多彩な出演者の中に，NET（日本教育テレビ，現

テレビ朝日）の記者椿貞良がいた。1969年初頭，安田講堂の攻防を各局が伝えたが，〈ひとりの放送記者だけが，一月一八，一九日の両日，「東京大学」を見ることができた〉。この〈ただひとりの青年〉はマイクを片手に，占拠していた活動家たちが放水車などによって排除されたばかりの建物の中に入っていく。

〈椿記者は，壁の落書きをメモし，それを読み上げながら，自分の見た東大闘争を語っていった。

——人間を最も欲している者が，何故最も非人間的に見られるのだろう。

——連帯を求めて孤立を恐れず，力及ばずして倒れることを辞さないが，力尽くさずして挫けることを拒否する。

椿記者のこれらの言葉は，机や椅子が壊れています，水が滝のように流れていますとだけ語った他局の放送記者の表現とはまったく違ったものとして視聴者に突き刺さった。視聴者は学生たちの内面を椿記者の言葉によってうかがい見た思いがしたのである。

——自分の食器は自分で洗え。

——ゴミを勝手なところへ捨てるな。

これらの講堂内部の貼り紙が読み上げられたとき，人びとは学生たちのバリケード内での生活と，彼らの素顔を垣間見ることができた。〉

この椿青年は，その後報道畑で活躍を続け，1989年には報道局長，1993年6月には取締役兼任となる。この月には衆議院が解散し，総選挙の結果，与党自民党が過半数を割り，非自民で構成される細川政権が誕生している。自民党が，結党以来初めて野党となったわけだ。

そしてこの年の9月，日本民間放送連盟の会合において椿報道局

長は,自民党政権の存続を阻止し,反自民の連立政権成立の手助けとなるようにという方針のもと,選挙報道に臨んだ旨の発言を行った。この発言は,偏向報道ではないか,放送法に反するのではないかとの疑念を呼び,当時電波行政をつかさどっていた郵政省はテレビ朝日の放送免許停止の可能性にも言及する騒ぎとなった。この問題は国会でもとりあげられ,椿局長は証人喚問をうけてもいる。

　かつて廃墟と化した安田講堂にて活動家学生の内面に迫ろうとした青年は,四半世紀後,ニュースによって新たな現実をつくりだそうと試みるにいたったわけだ。だが,この椿事件以降,報道が客観性の砦に立てこもる傾向が強くなる。テレビは第四の壁へと戻ろうとしているのだろうか？

萩元晴彦（1930-2001），村木良彦（1935-2008），今野 勉（1936- ）
　いずれも1970年にTBSを退社し,テレビ番組制作プロダクション・テレビマンユニオンを立ち上げる。番組作りのみならず,テレビ制作業界の地位向上に大きな足跡を残した。

参考・関連文献
　今野勉『テレビの青春』（NTT出版，2009年）
　森達也『ドキュメンタリーは嘘をつく』（草思社，2005年）
　有馬哲夫『日本テレビとCIA　発掘された「正力ファイル」』（新潮社，2006年）
　川本三郎『マイ・バック・ページ　ある60年代の物語』（河出文庫，1993年）

ロバート・パットナム

『孤独なボウリング　米国コミュニティの崩壊と再生』
Bowling Alone: The collapse and revival of American community, 2000

柴内康文訳，柏書房，2006年

——コミュニティを殺したのは誰か——

「「ツィッター」で／何すんだ？／ボヤくのか／楽天の／前の監督／みてえな」
（サライネス『誰も寝てはならぬ』14巻，講談社，2010年）

デイヴィッド・リースマンが"The Lonely Crowd"（邦題『孤独な群衆』）を発表したのは1950年のことだった。山崎正和は『柔らかい個人主義の誕生』（中央公論社，1987年）においてこれを『淋しい群衆』と訳し，〈原著の内容から見て，現代の大衆は客観的に孤立してゐるといふより，心理的に淋しがってゐる，と解釈した方がニュアンスに忠実だと思はれたからである〉と注記している。

一方パットナムは，50年代当時，すでにアメリカ社会において「コミュニティの崩壊」は始まっており，ボウリング場に集った人々でチームを組みリーグ戦をするような人間関係は衰退していき，家族やごく近しい友人などグループごとにわかれてのボウリングが一般化していったと結論している。

〈二〇世紀の終盤に多くの人が考えたことは，その世紀の初めに若きウォルター・リップマンが感じたことと同じであったろう。「われわれは自らの環境を，自分たち自身の変化が追いつかないほどの速さで変えてしまった」，と。人々は世論調査員に，もっと市

民的で，信頼でき，互いを思いやる社会に住めたらと申し述べる。検討してきた知見によれば，この熱望は，単なるノスタルジーでもなければ「虚偽意識」でもない。われわれのコミュニティの絆が衰退していったという点で米国人は正しいし，この変容が非常に高くつくものであるとわれわれが恐れるのは当然である。〉

　個々人の孤立をアメリカ社会の危機ととらえる立場から，パットナムは，本当にコミュニティは崩壊(コラプス)しているのか，再生(リバイバル)への契機はないのかを問うている。

「社会関係資本(ソーシャル・キャピタル)」論

　そこでまずパットナムが注目したのが，「社会関係資本」概念であった。表現はものものしいが，ここではひとまず「人脈」と大ざっぱに理解しておこう。

　〈物的資本や人的資本——個人の生産性を向上させる道具および訓練——の概念のアナロジーによれば，社会関係資本理論において中核となるアイディアは，社会的ネットワークが価値を持つ，ということにある。ネジ回し（物的資本）や大学教育（人的資本）は生産性を（個人的にも集団的にも）向上させるが，社会的接触も同じように，個人と集団の生産性に影響する。〉

　また一般的に社会関係資本には，「結束型(ボンディング)」と「橋渡し型(ブリッジング)」とがあり，前者は「なんとかやり過ごす(ゲッティング・バイ)」のに適し，後者は「積極的に前へと進む(ゲッティング・アヘッド)」のに重要であると言われている。転職の際などには，濃い血縁・地縁などの「強い紐帯」以上に，「弱い紐帯」の方が効果的であるといった知見は，橋渡し型社会関係資本の機能について述べたものである。こうした社会関係資本の減退の諸側面を検証するために，本書第 2 部ではまず政治的・公共的・宗教的・職業的なつな

がりや趣味・娯楽，さらにはボランティア活動などへの参加の変遷がたどられていく。

〈クラブの会合に集る数は，本当に昨日より今日のほうが減ってしまったのだろうか，それともただそう見えるだけなのだろうか。われわれは，両親の世代と比べて隣人のことを本当に知らないのか，あるいは隣近所とバーベキューをした子ども時代の記憶が，光り輝くすてきな思い出として胸の内を占めているということなのだろうか。友人とポーカーゲームに興じるのは本当に希になったのか，それとも人々が単にポーカーから卒業してしまっただけなのか。リーグボウリングは過去のものになったかもしれない。でもソフトボールやサッカーは？ 見知らぬ人は，本当に信頼できなくなったのか。ベビーブーマーやX世代は，本当にコミュニティ生活に参加しなくなったのか。〉

パットナムは膨大な資料・統計を駆使しながら，全般的なコミュニティの衰退を論証していき，さらにその原因について考察を加えていく。

テレビが犯人か

コミュニティへの参加の減退の原因を探る第3部では，その要因の一つとして，20世紀後半のマスメディアの急速な普及が検討されている。その際注意すべきこととして，原因と結果の混同，すなわち〈例えば，新聞購読が市民参加と密接に関係しているということが，さまざまな人々，また時間にわたって見られたとしても，新聞発行部数の減少が，参加低下の（原因でなく）結果である可能性を考慮する必要がある〉。

こうした慎重な検証作業を経て，〈世代的に低下しているのは，

単なる新聞購読ではなくて，実際にはニュースへの関心そのものである〉のに対し,〈テレビ登場の主たる影響は，あらゆる世代の人々にわたる，社会的，余暇的，コミュニティ的活動への参加の低下にあった。テレビは余暇時間を私事化するのである〉と結論されている。

〈社会参加を予測する他の要因（教育水準，世代，性別，地域，居住都市規模，労働負担，結婚，子ども，収入，経済的不安，宗教，人種，地理的移動性，通勤時間，持ち家の有無，その他）と組み合わせて検討すると，テレビ娯楽への依存は，市民参加低下を予測する単なる有意な予測変数ということにとどまらない。それは，これまで筆者が見つけた中で**唯一最も一貫した**予測変数である。〉

また〈テレビが時間を奪うのなら，それは同様に無気力や受け身性を助長する可能性がある〉上に，〈他の中毒や強迫的観念にとらわれた行動と同様に，テレビも驚くほど満足感の得にくい経験であるようだ〉。そして〈その他想定できるテレビの影響として（番組だけでなく，それに付随する広告もだが），物質主義的価値観の奨励がある〉。マス・コミュニケーション研究，特に効果研究の領域での培養分析（cultivation analysis）の成果は，〈大学新入生の間の物質主義的傾向は，テレビ接触が最大化した時代を通じて著しく増加し，また在学中テレビを多く見たものは，それほど，あるいは全くテレビを見なかった同級生と比べてさらに物質主義的になっている〉ことを示している。

だが，テレビの内容も一様ではない。〈ニュースを見て過ごす時間が長くなると，コミュニティにおいて活発になり，ソープオペラやゲームショー，トーク番組を見て過ごす時間が増加すると，コミュニティでの活動が低下する〉。日本社会の文脈では，ソープオペ

ラは「昼メロ」、トーク番組は「ワイドショー」くらいに理解しておいて差し支えないだろう。またケネディ暗殺、チャレンジャー号爆発、オクラホマシティ爆破事件などは、〈テレビが人々の家庭に、同一の痛ましいイメージを伝えたことによってはじめて、共有された国家的体験となった〉のであり、〈テレビは、市民的にうまく機能したときには、社会的差異を橋渡しし、連帯を育成し、必須の市民的情報をやりとりするために集う場所、強力な力となりうる〉。

しかし、こうした共有体験のリストには〈ダイアナ妃やJFKジュニアの死去、O・J・シンプソン裁判〉なども含まれており、それらは〈市民的啓蒙よりもはるかに多くのメロドラマ〉として視聴されていた。〈二〇世紀の終わりの人々は、ますます多くのテレビを、より習慣的に、より広範に、そしてますます一人で、そして特に市民参加低下と関連している番組（ニュースと区別された、娯楽）を多く見るようになった〉。少なく見積もっても〈テレビやその電子的な親類は、われわれの解明している市民的ミステリーにおける自発的な共犯者であり、さらにどちらかといえば、首謀者の側であろう〉。

コネチカット州のあるボウリング場では、次のような光景も見られるという。〈それぞれのレーンの頭上には巨大なテレビスクリーンが据え付けられており、その晩のテレビ番組を映し出しているのである。リーグプレイで満杯の夜でさえも、チームメンバーはその日にあった公私の出来事について生き生きと語るようなことはもはやない。その代わりに、自分の投げる番が来るまで、黙ってスクリーンを見つめている。共にボウリングをしているときですら、一人きり（アローン）で見ているのである〉。

コミュニティの今後

　共犯者に「時間と金銭面での余裕のなさ」と「郊外化，通勤とスプロール現象」を従え，首謀者はテレビと世代的変化，とりわけ両者がジョイントした「テレビ世代」である。これが 2000 年時点でのパットナムの結論であった。その後，1990 年代に萌芽していたメディアのデジタル化・パーソナル化・ネットワーク化の動きは，今世紀に入り一気に加速していった。

　もちろん〈投票，寄付，信頼，会合，訪問その他といったものの低下は全て，ビル・ゲイツが小学校にいた頃に始まっている〉以上，そうした傾向はネット上のバーチャル・コミュニティの登場によって引き起こされたわけではない。〈インターネットはわれわれの市民的問題に対する解決策の一部になるかもしれないし，あるいはそれを悪化させることになるかもしれない〉。本書の「潮流への抵抗？──小集団，社会運動，インターネット」の章には，未来への予測の言葉をいくつかみることができる。

　市民的参加の減退という趨勢に対抗する動きとして，パットナムは，青年ボランティアの増大，テレコミュニケーション（特にインターネットの成長），福音主義保守派の草の根活動の活発な成長，自助サポートグループの増加の 4 点を挙げている。だが，これら新たなつながりの可能性を，あまり高めには見積もっていない。

　〈バーチャル世界の匿名性と流動性は，「出入り自由」の「立ち寄り」的な関係を促進する。まさにこの偶発性が，コンピュータ・コミュニケーションの魅力であるというサイバースペースの住人もいるが，しかしそれは社会関係資本の創造を阻むものである。参入と退出があまりに容易だと，コミットメント，誠実性そして互酬性は発達しない。〉

要するに〈社会関係資本は，効果的なコンピュータ・コミュニケーションにとっての前提条件なのであって，それがもたらす結果ではない〉というのである。こうした予言をどう受けとめて，どのような21世紀を構想していくのか…。2011年時点，パットナムからの問いかけは，いまだ巨大な問いのままである。

ロバート・パットナム（Robert Putnam, 1941- ）。
　アメリカニューヨーク州生まれ。比較政治学，国際関係論などの領域で精力的に著作を発表している。現在ハーバード大学教授。著書に『哲学する民主主義』（河田潤一訳，NTT出版，2001年）などがある。

参考・関連文献
　野沢慎二編・監訳『リーディングス　ネットワーク論　宗教・コミュニティ・社会関係資本』（勁草書房，2006年）
　宮田加久子『きずなをつなぐメディア　ネット社会の社会関係資本論』（NTT出版，2005年）
　ベン・メズリック『face book　世界最大のSNSでビル・ゲイツに迫る男』（夏目大訳，青志社，2010年）
　阪本博志『『平凡』の時代　1950年代の大衆娯楽雑誌と若者たち』（昭和堂，2008年）

ジョシュア・メイロウィッツ

『場所感の喪失(上) 電子メディアが社会的行動に及ぼす影響』
No Sense of Place: The impact electronic media on social behavior, 1985

安川一ほか訳, 新曜社, 2003年

――電子メディアは社会の何を変えた(変えつつある)のか――

「本当に／怖いのは／何処にも居れ／なくなる事」
(森恒二『ホーリーランド』1巻, 白泉社, 2001年)

　この第2部は，主に活字メディアが梁川町をいかに変えたか（変えなかったか）から始まった。最後は20世紀後半のアメリカ社会において，テレビを中心とした電子メディアが，いかに人々の行動や認識に影響を与えたかで締めくくっておきたい。

　前章でとりあげた『孤独なボウリング』の中に〈コミュニケーション理論研究者のジョシュア・メイロウィッツは，電子メディアが，社会的つながりを物理的接触から切り離すことを可能にした，と述べている〉との一文がある。パットナムの場合は，人々のむすびつきの変化の解明が主眼であり，その結果としてテレビの社会的インパクトが論じられていた。一方メイロウィッツは，コミュニケーション学の立場から，テレビが社会に何をもたらしたのかを考察する。1960年代後半萩元晴彦たちに「現在に過ぎない」とされたテレビは，1980年代前半の時点で何ものであったのだろうか。そしてその頃，新たな電子メディアは，いかにテレビを脅かしつつあったのだろうか。

状況論的アプローチ

1970年代後半，研究者としての歩みを始めた頃を，メイロウィッツ自身は次のように振り返っている。

〈私はメディアと対人行動の相互作用の分析に興味をもった。私は，二つの領域の研究が相互にまったく独立になされていることを知って驚いた。メディアが人々の現実行動に影響を与え現実行動がメディアの内容に影響を与えているのを人々がまのあたりにしていることは確かなのだが，二つのコミュニケーション・システムを二分法にでなく，連続体的に扱うモデルはほとんどなかった。〉

社会心理学やマス・コミュニケーション研究の領域では，メディア・コミュニケーションとインターパーソナル・コミュニケーションとは別個の研究テーマであったわけだ。そこに違和感を覚えたメイロウィッツは，社会学者アーヴィン・ゴフマンの著作群へと向かい，「状況論的アプローチ」（シチュエーショナル）というヒントを見いだすことになる。

〈二〇世紀初め，社会学者，W・I・トマスは，社会的状況の逆説を次のように示している。すなわち，「もし人が状況を現実だと定義するなら，結果的にその状況は現実になる」。言いかえれば，社会的状況を構成しているのは私たちだが，私たちが恣意的に状況を定義したとしても状況が私たちに対して拘束的でなくなるわけではない。〉

通常人々は対面的な接触を行う際に，まずこの場はいかなる場であるかという前提を共有しあい，それにふさわしい行動をとろうとする。1950～60年代の北米社会において，こうした「状況の定義」の現状を精査し，独自の社会理論を展開したのがゴフマンであった。

〈ドラマのメタファーにしたがって，ゴフマンは，あるセッティングでの個人の行動は大きく二つのカテゴリーに分けることができ

ると述べている。「裏領域」、すなわち舞台裏の行動と、「表領域」、すなわち舞台上の行動である。表領域では、パフォーマーは特定の役割として「オーディエンス」の前にいて、社会的役割を比較的理想的な姿で演じている。たとえばウェイターは、レストランのダイニング・ルームで人々に給仕するときには表領域にいる。表領域では、ウェイターはふつう礼儀正しく丁重である。…しかしウェイターは、ダイニング・ルームから厨房へと足を踏み入れたとたん、突然、舞台上エリアと舞台裏エリアのあいだのラインを踏み越える。…ここでのウェイターたちは「七番テーブルの人たちの変な振舞い」について批評し合ったり、客のまねをしたり、チップをたくさんもらう方法を「ルーキー」にアドバイスしたりするかもしれない。〉

　ある舞台装置(セッティング)において、人は何らかの役割や役柄を演じる行為者(パフォーマー)であると、ゴフマンは看破した。だがゴフマンの場合〈状況は通常、物理的セッティング、すなわち、場所や部屋や建物等々との関わりにおいて定義される〉のに対し、〈本書で展開する理論は、静態的状況の研究を、変化する状況の研究へと拡張するものであり、物理的に定義づけられるセッティングの分析をコミュニケーション・メディアによってつくりだされる社会的環境の分析へと拡張するものである〉。直接的なフェイス・トゥ・フェイスの状況からメディアの介在する状況へ、というわけだ。

The New Social Landscape

　メディアが舞台裏にまで回りこむ、もしくはその場にはいない誰かとの「共在(コプレゼンス)の状況」をつくりだす等によって、それまで状況を仕切っていた壁が崩れていき、状況ごとに作動していた各種の規範

が弱まっていく様子を，メイロウィッツはさまざまに記述していく。
　たとえば，「表／裏」の別ではなく「中間／深い裏／最前面」の三つに，人々の行動する領域は分化し始めているのではないか。〈高い地位の人物へのアクセス可能性を変化させることによってヒエラルヒーに影響を与える〉のではないか。つまり〈テレビによる個人の表出的特徴の強調は，多くの異なるタイプの人々の「対等化」につながる〉。〈情報システムが融合したり分離したりすれば，集団的アイデンティティも融合したり分離したりするだろう〉〈印刷と比べてテレビは，あらゆる年齢，学歴，性別，職業，宗教，階級，エスニック背景の人々を，比較的類似した情報世界に包含する傾向にある〉などなど。
　〈電子メディアは場所と時間の特別さを破壊する。テレビやラジオや電話は，かつて私的だった場所を外部世界からアクセス可能なものにすることによって，より公的な場所に変えてしまう。また，カー・ステレオや，腕時計テレビや，ソニーの「ウォークマン」のようなパーソナル音響システムは，公的な空間を私的な空間にする。そのようなメディアを通じて，おおよそあらゆるところで起きていることが，私たちのもとで，私たちがどこにいようと起きている。けれども，私たちがいたるところにいるということは，私たちは特にどこかの場所にいるわけでないということでもある。〉
　このような物理的な場所の拘束力の低下，すなわち「場所感の喪失」（センス・オブ・プレイス）のもと，公私の別は曖昧となり，子供たちが大人へと成長（社会化）するプロセスは早熟化・多様化するようになり，多くの権威やヒエラルヒーは相対化・不鮮明化し，人々のアイデンティティのあり方はより流動的・多層的になっているのではないか。

こうしたメイロウィッツの指摘に対して，当然，そうした社会的変化は電子メディアだけがもたらしたものなのかという疑問は生じよう。メイロウィッツもその点には自覚的であり，〈本書で論じられている問題に影響する社会的要因は，新しい電子的状況の他にも数多くある。けれども，電子メディアとは無関係に見えるそうした要因のなかにも，実際には電子メディアと密接に関連しているものがあるように思われる〉と述べている。たとえば，エチケットのルールが変化した主な要因として，1960年代の対抗文化（世の中の価値観に反旗を翻した若者たちのムーブメント）の存在が挙げられよう。しかし，電子メディアがあってこその対抗文化の盛り上がりではなかったのだろうか。電子メディアが要因となった社会的変化を，さらにメディア側が取り入れることで，一見「変化の反映としてのメディア」であるかのようであろうとも，実はその変化にすでにメディアは不可分であり…，というループの構造である。

　こうしたフィードバックのループは，メディアの内容にも現れている。送り手がコントロールできない多くのことを表出してしまうテレビは，客観的事実の伝え手であるという権威を自身から奪い去ったがゆえに，ニュース番組は〈舞台裏の表情や個人的感情やインフォーマルな相互行為やアドリブの冗談が，パフォーマンスの重要な局面になった〉。また〈クイズ・ショーやトーク・ショーの多くは，マイクやカメラ技師や「拍手」サインやキュー・カードを隠そうとするのをやめてしまった〉。視聴者があたかもスタジオ観覧者であるかのように共在する状況において，たしかに従来の場所感は喪失されていよう。

センス・オブ・プレイスの現在形

　21世紀に入り,「ユビキタス」がキーワードとなり,大統領選の行方にツイッターやユーストリームが多大な影響を及ぼす今日,本書はいかに読み返されるべきであろうか。いまだ翻訳・出版されていない後半部では,新たな社会風景(ソシアル・ランドスケープ)の実例として「男性性と女性性の溶解」「子どもと大人の曖昧化」「政治的ヒーローのわれわれレベルへの引き下ろし(ロウアリング)」の章が設けられている。

　また〈コンピュータは何百万人というアメリカ人のメディア経験をつくり直し始めている〉状況下での〈新しい技術はネットワーク・テレビ放送の一枚岩的な力をきっと解体するだろう〉〈そうした技術が,オーディエンスを年齢,性別,宗教,階級,教育といった明確で伝統的なカテゴリーに分割することはないだろう〉〈新しい下位集団は現れるかもしれないが,それらはあまり明瞭なものではなく,あまり安定しておらず,あまり識別できるものではないだろう〉といった予測も,今後検討される必要があろう。未翻訳の結論部には〈インフォメーショナル・モビリティの増大〉や〈多くのヤング・チルドレンがコンピュータを習得するスピードは,われわれに子供と大人のインタラクションならびに学習の階梯のあり方を再考させる〉〈われわれの社会は物質的(マテリアル)よりも情報的(インフォメーショナル)になる〉などの予言も記されている。

　こうした「予言の書」的な色彩に関しても,本書はじゅうぶんに自覚的である。メイロウィッツは,この研究に最も大きな影響を与えた人物として,ゴフマンとともにマーシャル・マクルーハンを挙げ,社会変容の要因としてコミュニケーション・メディアをとらえたマクルーハンの慧眼によりつつも,〈「マクルーハニズム」は,神秘的宗教のように,それを信じている人の目には圧倒的な真理とし

て，そうでない人の目にはくだらないものとして映る〉と評している。未来を予測しようとするマクルーハンの勇気に敬意を表しつつ，マクルーハンに対してしばしば加えられる決定論的(ディターミニスティック)という批判に関しても，その轍を自ら踏まぬよう，メディア・テクノロジーにすべてを還元する話法を避けている。

いまだに，もしくは今だからこそ「ここ(ヒア)とそこ(ゼア)との区別の衰退」という仮説は，フォローされるべき意義を有している。訳されざる下巻とともに，書かれるべき続編が待たれる。それは多くの人々にとっての課題でもあろう。

───────────

ジョシュア・メイロウィッツ（Joshua Meyrowitz）
　アメリカのメディア研究者。現在，ニュー・ハンプシャー大学コミュニケーション学部教授としてメディア・スタディーズを担当している。この"No Sence of Place"はドイツ語・イタリア語・中国語・チェコ語などにも翻訳された。

参考・関連文献
　アーヴィング・ゴッフマン『行為と演技　日常生活における自己呈示』（誠信書房，1974 年）
　渡辺潤『メディアのミクロ社会学』（筑摩書房，1989 年）
　原田悦子『人の視点からみた人工物研究』（共立出版，1997 年）
　若林幹夫『〈時と場〉の変容　「サイバー都市」は存在するのか？』（NTT出版，2010 年）

第3部

メディアの現在進行形

ベネディクト・アンダーソン

『増補 想像の共同体 ナショナリズムの起源と流行』
Imagined Communities: Reflections on the origin and spread of nationalism, 1983

白石さや，白石隆訳，NTT 出版，1997 年

——想像の産物としての国民・国家——

「他の誰かと／同じ番組を／観てると思うと／安心するンだ」
（真鍋昌平『闇金ウシジマくん』15 巻，小学館，2009 年）

　21 世紀の現状と今後へと視野を広げようとする第 3 部のトップ・バッターが，近代国民国家成立とそこに果たした印刷メディアの役割を扱った本書では，あまりにも後ろ向きではないか…。テレビのおかげでブルターニュ語だけではなく，フランス語を話せるようになったという高齢者が登場し（『プロデメの変貌』），〈ジョン・F・ケネディの葬儀やリチャード・ニクソンの辞任やアンワー・サダトの暗殺を見た多数の人々は，けっして場所ではない「場所」にいた〉（『場所感の喪失（上）』）といった第 2 部よりも，さらにそれ以前への逆戻りではないか…。そうした疑念は当然あろう。
　だがベネディクト・アンダーソンの提示した『想像の共同体』は，2006 年末で 27 言語，30 カ国で翻訳されるという流行をみている。それはやはりこの著作が，過去だけではなく，国家とナショナリズムの今後を考える上でのヒントを，依然多く含んでいるからであろう。インターナショナルに広まっていく「想像の共同体」概念の起源を探りつつ，その日本での流行の様子を追い，「想像の共同体」

の今日を考えていきたい。

国民国家(ネーション・ステート)と出版資本主義(プリント・キャピタリズム)

　17世紀，フランスの哲学者デカルトやパスカルは，その書簡のほとんどを聖なる言語であるラテン語で書いていた。一方その頃，俗語で創作活動を行ったシェイクスピアは，ドーバー海峡を渡れば無名の存在でしかなかった。英語が〈世界に冠たる帝国の言語とならなかったとしたら，彼はなおかつてのままに島国の霧の底に埋もれていたかもしれない〉。だが18世紀に入ると，ラテン語の地位は失墜していき，各国語による書籍の普及をみるようになる。

　そしてフランス貴族が〈共通の親族，友情にもとづいて「イギリス」の王を助け，「フランス」の君主に対抗するということは十分ありえた〉のに対し，〈ブルジョワジーはどうであろうか。比喩的に言えば，それは，きわめて多くの複製によってはじめて一つの階級として立ち現れた存在であった。リールの工場主はリヨンの工場主と共鳴によってのみ結びついていた。かれらはおたがいの存在を知る理由など何もなかった。かれらは必ずしもおたがいの娘を娶るとか，おたがいの財産を相続するとかしたわけではない。にもかかわらず，かれらは出版語によってかれら自身の数千の同類の存在を一般的にありありと心に思い浮かべるようになった〉。

　複製物のうちでも新聞は，〈我々は，ある特定の朝刊や夕刊が，圧倒的に，あの日ではなくこの日の，何時から何時までのあいだに，消費されるだろうことを知っている〉という同期性ゆえに，また〈新聞の読者は，彼の新聞と寸分違わぬ複製が，地下鉄や，床屋や，隣近所で消費されるのを見て，想像世界が日常生活に目に見えるかたちで根ざしていることを絶えず保証される〉がゆえに，想像の共

同体の構築に大きな役割を果たしている。また地図が〈ポスター，公印，レターヘッド，雑誌・教科書の表紙，テーブルクロス，ホテルの壁などに，いくらでも無限に複製できるものとなった〉ことで，ナショナルなまとまりが可視化され，普遍化することとなった。

　このように複製技術はフランス革命の基盤となり，かつ〈フランスの経験は，人類の記憶から消去できなくなったばかりか，そこから学習することもできるようになった〉。いわば革命の「モデュール（module）」化が行われ，後世に，さらに世界中へと転移・転位していくことになる。

　こうして全世界に誕生した国民国家は，その国民たちを国民としてアイデンティファイする際にも，複製メディアを駆使していくことになる。〈写真，つまり，この複製技術の時代の申し子は，事実記録の膨大な近代的蓄積（出生証明書，日記，成績通知書，書簡，診療記録，その他）の中で最も有無を言わせぬものである〉。

リブロポート版『想像の共同体』

　本書が，英語圏外の出版資本主義と初めて出会ったのが日本であった。その日本は明治期，民衆の言語ナショナリズムに対する王朝・貴族側からの反作用である「公定ナショナリズム」，とりわけ〈ホーエンツォレルン家のプロシア・ドイツを意図的にモデルとした世紀半ばの〉ものをモデュールとして採用した。そうした近代化に際しては，次の点が有効であったという。

　〈幕府による国内の平定と二世紀半の孤立によってもたらされた，日本人の比較的高い民族文化的同質性(エスノカルチュラル)である。たしかに九州で話される日本語は本州ではあまりわからなかったし，江戸・東京と京都・大阪のあいだですら会話によるコミュニケーションには支障が

あったが，半ば中国語化した表意文字による表記システムはすでに長年にわたって列島全域で使用されており，したがって，学校と出版による大衆の読み書き能力の向上は容易で，論議の対象となることもなかった。〉

また 1987 年発行のリブロポート版邦訳のために，アンダーソンは『平家物語』の冒頭を事例に追加し，古代インド（祇園精舎）の鐘の音について述べていたとしても，〈この文章の想像の響と想像の色が生みだす身の毛のよだつような空虚な情景は，日本語を読む者だけに見えまた聞こえる〉と述べている。想像の共同体を支えるのは印刷メディアだけではなく，〈国民的祝祭日に歌われる国歌〉など，〈我々すべてを結びつけているのは，想像の音〉であったりもする。

余計なことかもしれないが，今はなきリブロポートについて注釈しておくと，同社は西武百貨店を中心としたセゾングループ内の出版部門。同グループは，総帥の堤清二が小説家辻井喬でもあるため，文化・芸術・学術面で特異な活動を繰りひろげたことで知られている。そして，そのセゾン系書店としてリブロがあった（現在は日販の傘下）。今泉正光『「今泉棚」とリブロの時代』（論創社，2010 年）によれば，1980 年代から 90 年代にかけて，池袋西武内にあったリブロ池袋店は，そのユニークな品揃えで知られ，注目を集めていたという。

言うなれば，書籍そのものだけではなく，ある書店の，ある書店員が担当した棚の前に立った人々の間にも，想像の共同体が仮構されていたのである。そして 20 年近くたった今も，その思い出を共有している人々は，やはり想像の共同体のメンバーなのであろう。ナショナリズムとはズレた，ないし無縁の現象に対しても適用可能

であるがゆえに,「想像の共同体」概念は多様な言語の中で，さまざまな読みを喚起し続けているのである．

書籍工房早山版『定本　想像の共同体』

　最初のリブロポート版，本章タイトルに標記した増補版に加え，本書の日本語バージョンには第三の異本(バリアント・テクスト)が存在する．この定本版（2007年）には，アンダーソン自身の「旅と交通――『想像の共同体』の地伝(ジオ・バイオグラフィ)」と題された，各国語への翻訳顛末記が付されており，その中でリブロポートは〈中道左派の出版社〉と紹介されている．訳者からの手紙によれば〈この出版社の所有者，堤氏は，大実業家の息子で，かれは父親に逆らって詩人，作家の途を選択した人物であるが，結局のところ，父親の死に際し，そのビジネスの一部を相続することになった．そこでかれは編集者にもうけることは考えないでよい，良い本を出せばよい，と言った．……この出版社は一九九〇年代に破綻した〉．

　韓国では海賊版の出版が先行したが，〈一九九一年の増補改訂版をもとに正式に翻訳権を所得して韓国語訳を出版した．この本の表紙の装丁には，二〇〇二年六月開催のワールド・カップで驚くほど大活躍した韓国チームのサポーターたちであろう，韓国旗を振る多くの若い人たちのはでな写真が使われている〉．今日，ナショナルなまとまりをもっとも感じ得る場はスポーツの国際大会であり，自国チームを共時的に応援しているであろう人々（ないしその表象）こそが，『想像の共同体』の表紙にふさわしいのかもしれない．

　そしてもっとも興味深い運命をたどったのは中国語訳である．その翻訳からは，〈偉大な指導者〔毛沢東〕と近年における党のマキアヴェリ的「公的ナショナリズム」への入れ込みを皮肉った文章の

ある第Ⅸ章が全部，削除された〉という。新たな政治体制が，旧体制から遺産を引き継いだ例として挙げられた〈中国共産党指導者は天子の紫禁城に集合する〉〈革命に成功した指導者はまた，旧国家の配線――ときには，役人，情報提供者をふくめて，しかし，常に，ファイル，関係書類，公文書，法律，財務記録，人口統計，地図，条約，通信，覚書その他――を相続する〉といった箇所が検閲の対象となったのであろう。

　第Ⅸ章のタイトルは，ヴァルター・ベンヤミンに由来する「歴史の天使」。ベンヤミンによれば，「歴史の天使」は顔を過去に向けているが，進歩という嵐は天使を〈かれが背中を向けている未来のほうへ，不可抗的に運んでいく〉（『暴力批判論』高原宏平，野村修編訳，晶文社，1969年）。アンダーソンは言う。〈しかし，この天使は死なない。そして，我々の顔は前方の未来へと向けられている〉。

　中国人留学生から以前聞いたところによると，この「歴史の天使」章の中国語訳がインターネット上にアップされているという。検閲があるとされる中国のインターネットにおいても，「公定ナショナリズム」を揺さぶる動きが生じているのである。ないしは，少なくとも揺さぶろうとしている人，現体制に何かしらの反発を覚えている人がいる（だろう）という想像の共同体が存在するのである。マスメディアが基本的には国民統合に向かうメディアだとすると，インターネットは時に国境を超え，また時には国内にさまざまな飛び地(エンクレーブ)を用意するなど，多様性を生み出す方向へと社会を導くこともありうる。

　いずれにせよ，過去を精査しつつ未来を志向しようとするアンダーソンの姿勢に，学ぶべきところは大きいだろう。

ベネディクト・アンダーソン（Benedict Anderson, 1936- ）
　中国の雲南省昆明に生まれる。アイルランド国籍。ケンブリッジ大学で修士号，アメリカに渡りコーネル大学で博士号を取得。同大学で教鞭をとる。専門は東南アジアの比較政治学。著書に『比較の亡霊』（糟谷啓介ほか訳，作品社，2005年）など。

参考・関連文献
　福間良明『辺境に映る日本　ナショナリティの融解と再構築』（柏書房，2003年）
　高木博志『近代天皇制と古都』（岩波書店，2006年）
　若林幹夫『増補　地図の想像力』（河出文庫，2009年）
　大澤真幸『ナショナリズムの由来』（講談社，2007年）

佐藤卓己

『現代メディア史』

岩波書店，1998年

――米英独日のメディア比較の同時代史――

「まるで…／東京タワーに／向かって／祈るようだったって！」
（細野不二彦『電波の城』4巻，小学館，2007年）

　アメリカ，イギリス，ドイツ，日本。本書でとりあげられている国々である。書物，新聞，映画，ラジオ，テレビ，そしてコンピュータ。本書でとりあげられているメディアである。

　両者を行と列とに配して，そのセルを埋めていくかのように，時代順（各メディウムの登場順）に本書の記述は進んでいく。ドイツ現代史からスタートし，新聞学，メディア史と研究領域をひろげてきた筆者ならではの視野の広さと言えよう。

　各章で上記の4カ国が論じられていくわけだが，その順番は微妙に異なる。日本がラスト・バッターであることは共通だが，出版資本主義や大衆新聞，宣伝（プロパガンダ）の章ならば独英米日，映画やラジオ，テレビの章ならば米英独日。印刷メディアについて語る際には独・英という入り方が妥当で，視聴覚メディアならば圧倒的にアメリカから，ということだろうか。

　もしくはこじつけのようだが，英語（米語）が国際語として地位を確立したがゆえの，英語（米語）表記でのアルファベット順――米（America）・英（Britain，もしくはEnglandを筆頭とするU.K.）・

独（German）・日（Japan）——ということだろうか。20世紀は，視聴覚メディアに関するアメリカ型ビジネス・モデルが優越していき，さらに言えば多方面でアメリカの覇権が固まっていった100年間であった。とりわけ冷戦後のアメリカからみた場合，あくまでも英（BritainもしくはEngland），独（German），日（Japan）であって，独（Deutschland），英（Great Britain），日（Nippon）ではない。米語がかつてのラテン語の地位に君臨するようになった今，その他各国語は俗語であり，偉大(グレート)を名乗るべきはアメリカなのだから…。

映像による想像の共同体

本書にもとづいて，ベネディクト・アンダーソンが語った出版資本主義の，その先を見ていくことにしよう。

第5章「視覚人間の「国民化」」は，〈映画史は近代から現代への分水嶺を内在化している．前半はイラスト，写真の延長としてのプリント・メディア史，後半は音響メディアと合体してテレビへと発展するマルチ・メディア史である〉と始まる。ハリウッド初期の記念碑的作品が，南北戦争を題材とした"國民の創生"（The Birth of the Nation）であることが端的に示すように，映画は国民国家という想像の共同体の成立に寄与した。とりわけ移民国家のアメリカの場合は，ビジュアル・コミュニケーションが非常に有効だったのである。

そしてラジオは，〈場所感覚の喪失〉を日常的にもたらしていく。1933年就任のローズヴェルト大統領は，日曜日夕方ホワイトハウス外交官接見室から「炉辺談話(ファイヤーサイド・チャット)」を放送した。〈実際，暖炉前に置かれたマイクであたかも隣人に語りかけるような談話は，恐慌下の大衆に安堵感を与えた．当時のラジオの意匠はスピーカーを下

部に配した暖炉風デザインが流行で,暖炉に代わって居間の中核となっていた.大衆は私的な親密空間にラジオを据えることで,政治に直接参加した感覚を覚えた〉.

新聞は〈マクルーハンの言葉を借りれば,「ホットな(参与性の低い)」グーデンベルグの銀河系〉であり,〈閉鎖的な市民社会〉に対応していたのに比して,家庭の団らんの中心に位置したラジオは,〈「クールな(参与性の高い)」マルコーニの銀河系〉であり,〈動員する大衆社会〉を背景としていた.

〈満州事変勃発の1931年,「ナショナル・ラジオ」を発売した松下電器産業は,この廉価ラジオの成功によって総合電機メーカーに発展した.その商標「ナショナル」(1927年の自動車用角型ランプから使用)は,ドイツの「フォルクスワーゲン」同様に今日では世界的なブランド名になっている〉.大衆車はナチス・ドイツを体現し,国民ラジオは戦況を伝え続けた.ラジオとトーキー映画は,均質なコンテンツを同期的に享受する国民を生み出し,総力戦体制の要となっていく.

そして戦後には〈テレビは高級文化と大衆文化の要素を混淆することでその境界を解消し,…映画で形成され,ラジオで確立した国民的公共性は,テレビというシステム・メディアの登場によって完成したのである〉.だが,居間の中心に置かれたテレビの集団的・同期的視聴の段階を経て,〈テレビという国民化メディアから生まれたビデオは,国民文化的統合から多分化主義的統合へと社会編成を変えていくことになる〉.

メディアの盛衰とマスコミ研究

本書はただ単に,基軸となるメディアの変遷——新聞(第1次世

界大戦まで）→映画・ラジオ（戦間期）→テレビ（第2次世界大戦後，1960年代まで）→ニューメディア（1970年代以降）――を追っただけではない．こうしたメディアの遷移にともなう，新聞学・ジャーナリズム論に始まるマス・コミュニケーション研究全般の変容を指摘してもいる．

〈メディアによる国民統合が強く要請された総力戦体制下に成立した「弾丸効果モデル」では，映画やラジオの影響が中心的に論じられた．それに続く「限定効果モデル」は，社会システムの相対的安定期の産物である．何よりも広告メディアであるテレビは，高度経済成長の中で消費者の凝集性を確保していた．文化研究を含む「新しい強力効果モデル」は，情報化とグローバル化における国民国家システムの揺らぎを反映している．新たな強力効果論が登場する背景には，結局，メディアによって新たな凝集力を模索する国民国家の要請が存在している．〉

マスメディアが人々に対して与える影響に関して，非常に大ざっぱに言えば，「強→弱→強」という研究史の流れが抽出できよう．火星人の来襲を信じ込ませるような，人々に弾丸を撃ち込むがごとき強力な作用．次いで能動的な消費者，メディアの活用者，時には口コミの発信者として人々が存在し，すでに受け手の側で形成・保持されていた信念の補強など，ある限られた範囲内でマスコミが影響力を発揮する（とされた）戦後社会．そして，メディア・メッセージから相対的に自立したテレビの読み手たちであったとしても，その価値観や感受性は長期的にマスコミによって培養されたものであるといった，新しい強力効果論の時代へ．こうした学説史の動向は，その時々の社会から無縁に，純粋に学問的な理由だけで生じたわけではないのである．

マスコミ研究に限らず,すべての学問研究(とりわけ社会科学)は,それがなされた時代的・社会的背景に拘束されている。もしくは,研究の成果は同様であっても,その研究がおかれる文脈によってさまざまに機能する。戦時中のプロパガンダ研究と戦後の広報学・広告学などが地続きであること,すなわちメディア学が軍需技術でもあったこと,そして総力戦体制下につくりだされた社会システムが,政治制度の東西を問わず戦後社会に引き継がれたことを,『現代メディア史』は繰り返し指摘している。

21世紀のメディア情況へ

本書では〈19世紀後半以来のマス・メディアが果たした機能を「国民化」と「システム化」から概観してきた〉。しかし,各章において「大量出版と教養の消滅」「新聞紙の情報紙化」「映画のサブカルチャー化」「ラジオ聴取のセグメント化」「テレビのパーソナル・メディア化」といった現象も指摘されてきた。終章「情報化の未来史」では,インターネットが急速に普及する1998年時点における未来予測が展開されている。

その予測は,決してバラ色のものではない。〈その時代ごとの「ニューメディア」を知的に使いこなせたのは,特権的な少数者に過ぎなかった。それでもパソコン操作をメディア・リテラシーとして早期教育すべしと主張する者は,「読み書き能力の効用」が階級格差を解消しなかったという冷厳なる事実を忘れているのである〉。また〈誰もが国民文化と国民福祉に安住して,共通の歴史にアイデンティティを保障されていた国民国家の時代が,やがて懐かしく思い起こされる時が来るかもしれない〉。そして〈サイバー・ファシズム=ネチズム〉のイメージは,ジョージ・オーウェルの『1984年』

（新庄哲夫訳，早川書房，1972 年）よりむしろ〈麻薬や映像で大衆の欲望を操作し奴隷に自分の鎖を愛させる科学支配を描いたオールダス・ハクスリーの『すばらしい新世界』（1932）がふさわしい〉。

インターネットがアメリカの軍事技術と深いかかわりをもつこと，それがマーシャル・マクルーハン言うところの「地球村（グローバル・ビレッジ）」のオプティミズムへと帰結しないことは，多くの論者によって指摘されている。そしてパーソナル・コンピュータやスマートフォンとそのネットワークの世界で，アメリカ発の技術や製品がグローバル・スタンダードと化している現在，各国並列の比較史ではなく，メディアに関してはグローバルな同時代史状況が出現している。国民化メディアではなく，われわれは「帝国化メディア」の世紀に入ったのではないだろうか。個人の発明家によって創業された松下電器産業が「ナショナル」ブランドを廃し，世界的に「パナソニック」ブランドへと統一せざるを得ないような事態である。

本書と同時期に出版された野田宣雄編著『よみがえる帝国』（ミネルヴァ書房，1998 年）に収められた「国民化メディアから帝国化メディア　文化細分化のメディア史」において佐藤は次のように述べている。

〈メディアを中心とする社会的コミュニケーションの発展は，国境を越えたサブカルチャーを叢生させ，これまで国民的アイデンティティを支えていた教会，地域コミュニティ，家族など中間集団を次々と解体している。むしろ社会的コミュニケーションは，脱国民化プロセスを用意したのではあるまいか。敢えて世界史的に鳥瞰すれば，国民国家統合の時代は，新たな帝国秩序再編の過渡期に過ぎなかったととらえることもできる。〉

佐藤卓己（さとう・たくみ，1960- ）

　歴史学者，社会学者。東京大学社会情報研究所助手などを経て，現在，京都大学教育学研究科准教授。著書に『大衆宣伝の神話』（弘文堂，1992年），『『キング』の時代』（岩波書店，2002年），『言論統制』（中央公論新社，2004年）など多数。

参考・関連文献
　星乃治彦『赤いゲッベルス　ミュンツェンベルグとその時代』（岩波書店，
　　2009年）
　ジョン・フィスク『テレビジョンカルチャー　ポピュラー文化の政治学』
　　（伊藤守ほか訳，梓出版社，1996年）
　ゲオルゲ・モッセ『大衆の国民化　ナチズムに至る政治シンボルと大衆文
　　化』（佐藤卓己，佐藤八寿子訳，柏書房，1994年）
　橋元良明『メディアと日本人　変わりゆく日常』（岩波新書，2011年）

フリードリヒ・キットラー

『グラモフォン・フィルム・タイプライター』
Grammophone Film Typewriter, 1986

石光泰夫, 石光輝子訳, 筑摩書房, 1999年（ちくま学芸文庫, 2006年）
――音, 映像, 文字の「書き込みシステム」――

「天国のママに／5文字だけ／届くなら／…」
（村上かつら『ラッキー』小学館, 2008年）

　大学の学部学生, 初学者向けという本書の前提からは, とりあげることがためらわれた一冊である。精神分析理論の強引な援用, 跳ね回るような議論の展開, 話題の転換, 「博覧狂気」と誤変換したくなる引用癖, 広大な人文的教養と技術的知識, 翻訳をうけつけぬ文彩（ことばのアヤ）の数々…。だがジャン・ボードリヤール, ジャック・デリダ, レジス・ドブレ, ニクラス・ルーマンらは避けて通れても, フリードリヒ・キットラーのこの本だけははずすわけにはいかなかった。それもこれも, 数多の, しかも相互に複雑に関連しあうメディアの中から, グラモフォン（蓄音機）・フィルム・タイプライターを抜き出した思い切りのよさと, そうする必然性をいつしか納得させてしまう強靱な文体・思考ゆえである。

　〈世界史を（軍事上の極秘指令や文学上の遂行規定から）解放するのに, メディア・システムは三段階のステップを踏む。第一段階は, アメリカの南北戦争以降, 音響, 光学, 文書の記憶装置技術をそれぞれ発達させたこと。映画, グラモフォン, そして人間／機械システムたるタイプライターがそれである。第二段階は, 第一次大戦以

降，記憶されたすべての内容のために，適切な電気的伝達技術を発達させたこと。ラジオ，テレビ，そしてそれらのもっとポピュラーでない双生児たちがそれである。第三段階は，第二次大戦以降，タイプライターによるブロック文字の標準配置図を計算可能性という技術そのものへ転換したこと。〉

以下，その三段階のステップをみていこう。

フォノグラフからグラモフォンへ

蠟板蓄音機，円筒式蓄音機（シリンダー）などと訳されるエジソンのフォノグラフ。「音の」を意味する接頭語と，「書かれたもの」を意味する接尾語から名づけられているように，再生だけではなく録音もできる装置であった。〈小さなセリーでしか再生できず，またそのようにしか複製できないという犠牲を払ってまでエディソンの蠟管が獲得したのは，談話を記録し，それを日常の喜びにするということであった〉。だがフォノグラフを主流の座から追い落としたグラモフォンによって，〈大企業によってのみ演奏され，しかも大量に複製されるという犠牲まで払って，レコードは音楽的なざわめきを世界的な規模のものにした〉。

また，こうした技術開発の過程には，戦争の影が色濃くただよっている。〈文書を保存するメカニズムや音を蓄えるメカニズムは，アメリカ南北戦争の副産物なのである。エディソンは戦争のときまだ若い電信員だったが，モールス信号の作動速度を人力以上に高めようとする試みのついでに，彼のフォノグラフを開発した〉。そして，第2次世界大戦中に，レコードの次の記録媒体——ドイツで開発され，マグネットフォンと名づけられた磁気テープへの録音システム——が注目を集めていく。

〈現在の音楽や音響は，世界大戦のときのテープレコーダーによって開発されたものである。テープレコーダーは録音と放送，蓄音機とラジオを超えて，シミュレーションの帝国をつくりだした。押収したドイツ軍のマグネットフォンを，計画中の大きなコンピューターのなかにデータ保存装置として組み込もうとしたのは，ほかならぬイギリスのテューリングであった。〉

コンピュータの父とも言うべきアラン・テューリングは，大戦中暗号解読の仕事に従事していたのである。キットラーは言う。〈放送劇，超短波による戦車通信，ヴォコーダー（電気的音声分析・合成装置），マグネットフォン，Uボートのソナー，爆撃目標同定技術などなどは軍用機器の濫用をうながし，それがまた耳と反応速度を第（n＋1）次世界大戦へとチューニングする〉。

無声映画（サイレント・フィルム）からトーキーへ

キットラーはグラモフォン・フィルム・タイプライターを，精神分析で言うところの現実界・想像界・象徴界に比定していく。〈レコードの溝がいまわしい，排泄物，身体におけるリアルなものを記憶する一方で，映画は，一世紀のあいだ文学とよばれてきた幻想的なもの，あるいはイマジネールなものを継承する〉。そして〈映画とは，日常の条件のもとで中枢神経系の無意識のプロセスを露呈させようとする心理学的実験のことである〉と断じる。

〈メディア技術による分離は，だがまた同時に結合の可能性をもひらく。視覚，聴覚，文字の記憶がそれぞれ切り離され，機械化され，測定し尽くされたあと，それらの互いに異なったデータの流れをふたたびひとつにまとめることが可能になるのである。生理学によって切り刻まれ，物理学によって模造された中枢神経系はそのよ

うにして復活を言祝ぐことになる。〉

　視覚，聴覚，文字の分離は，〈無声映画とタイプライター，映像の流れと字幕のひっそりとしたメディア結合〉，さらにはトーキー映画という新たな結びつきを生み出していく。

　〈エディソンの計画においては主従の関係が逆転し，時間を調整できる映画が音響をリードすることになる。マスメディア研究はこの逆転の動きに忠実にしたがったので，映画についてはおびただしい書物が生まれ，グラモフォンについてはごくわずかの書物しか生じないという結果が生じてしまった。〉

　またフィルムをめぐる技術も，戦争と無縁ではない。〈テレビカメラあるいは赤外線センサーが飛行機に組み込まれれば，それらはもう，ヘーゲルの夕べの哲学にあるような，いわゆるリアルタイムの歴史を追いかけて飛ぶだけのミネルヴァのふくろうではない〉。

　映像が遍在する社会の中でグラモフォンの重大な意義は看過されていく。だがそれ以上に忘れがちな存在がある。〈映画と蓄音機はエディソンによる偉大なふたつの発明であり，現代はそれらによって始まったのだが，それに比肩するものがもうひとつある。タイプライターがそれだ〉。

タイプライターから電子計算機(コンピュータ)へ

　南北戦争後〈武器生産者であったレミントンはとにかく「内戦景気の去った後，商売が次第に減り，生産能力に空きがでた」ために，一八七四年九月，ショールズのモデルの大量生産を引き受けたのである〉。そして〈タイプライターはディスクールの機関銃となった〉。

　キーの配列（QWERTY）が規格化される 1888 年を経て，1919 年タイプライターの新たな可能性が模索され始める。傍受されるかも

しれないラジオ電波での暗号送信ではない、それこそタイプライターを端末としての電信の実験が始まったのである。〈レミントンのタイプライター・キーボードははじめて、もはやあの、タイプミスだけが唯一の慰めという、ひたすら一義的で退屈なインプットとアウトプットの分配ではなくなった。たったひとつの印字を打つだけで、それが思いもかけない組み合わせへと発展してゆくことの面白さを教えられたのは、これがはじめてであった。アルファベットの二十六文字は電気の回路をとおって配電器システムへと流れ込む〉。

そしてアラン・テューリングも関わったとされる秘密タイプライター「エニグマ（謎）」を経て、〈エニグマを改良したモデルが両大戦間の標準規格になる。例えば東京と在米日本大使館とのあらゆる秘密無線通信は（つまり真珠湾作戦のいっさいは）、機械コード「暗号機タイプB」を通じて行われ、その暗号機を敵のアメリカ側は保安上の理由からパープルと呼んでいた〉。さらに〈戦後に造られたテューリング型のコンピューター、ACE（エース）は物資補給省によれば「『榴弾、爆弾、ロケット、遠隔操作武器』」を算定するという話であり、アメリカのENIAC（エニアック）は「空気抵抗と風速が様々に変化した場合の弾道をシミュレートしたが、それは何千ものきわめて小さく分割された飛行物体の弾道を合計してはじめて得られる結果であった。」〉。ジョン・フォイ・ノイマンによるEDVAC（エドバック）、アメリカ空軍のためのBINAC（ビナック）、暗号解読のためのATLAS（アトラス）…。これら超高速計算機あってこその、誘導ミサイルなどハイテク兵器であった。〈一九四五年。国防軍最高司令部の手になる最後の情況＝戦況報告を記したタイプライターの書類はなかば焼けこげていた。だが、そのなかにはもうすでに、戦争があらゆるものの生みの親であるという言葉があった〉。

戦争への注視とともに，キットラー・メディア論の大きな特徴は，その独特な人間観にある。
　〈視覚，聴覚，書字が技術において差異化されたことは，一八八〇年頃にいたって，グーテンベルクによるデータ保存体系を粉砕してしまうのだが，それによってまた，いわゆる人間というものが操作されうるものになるという事態も生起してしまった。人間の本質が機械装置にとってかわられてしまったのだ。これまでの機械だと筋肉系を占領するだけだったのが，こんどは中枢神経系も占拠される。そうなったときにはじめて，物質と情報，リアルなものとサンボリックなものがきちんと分けられるようになったのであって，それは蒸気機関車や鉄道ではなしとげられないことだったのだ。人間は昔から蓄音機や映画のことを夢見てきたが，夢見るだけではじっさいに映画や蓄音機を発明できるようにならない。そのためには眼と耳と脳がその生理作用とともに，きちんとした研究対象にならなければならない。…書字は個人の表現や身体の痕跡などとして夢見られてはならない。…いわゆる人間というものはこのようにして，生理学と情報工学へと解体されてしまう。〉
　こうした言説，言い回しを嫌悪する人も多いかもしれない。ここで語られている人間の変質・変容に対し，違和感を覚える向きもあるだろう。しかし，1980年代半ばにキットラーの示した〈映画や音楽，電話や文字情報などがグラスファイバー・ケーブルをとおって各家庭に送り込まれるようになれば，それまでは分離していたテレビ，ラジオ，電話，郵便といったメディアの転送周波数とビット形式が統一されて，それらはひとつのものに合体する〉という予言を，誰も笑うことはできまい。

フリードリヒ・キットラー（Friedrich Kittler, 1943- ）

　ドイツ文学者，メディア史家。1993 年にベルリン・フンボルト大学文化学・芸術学研究所教授となる。ハイデガー，ラカン，フーコーらの影響下，独自なメディア論を展開。著書に『ドラキュラの遺言』（原克ほか訳，産業図書，1998 年）など。

参考・関連文献
　北田暁大『〈意味〉への抗い　メディエーションの文化社会学』（せりか書房，2004 年）
　大黒岳彦『「情報社会」とは何か？　〈メディア論〉への前哨』（NTT 出版，2010 年）
　寄川条路編『メディア論　現代ドイツにおける知のパラダイム・シフト』（御茶の水書房，2007 年）
　長谷川一『アトラクションの日常　踊る機械と身体』（河出書房新社，2009 年）

原崎惠三

『海賊放送の遺産』

近代文藝社，1995 年

――ベッドでラジオを抱きしめた日々――

　　「支配なんかしねェよ／この海で一番自由な奴が／海賊王だ!!!」
　　　　　　　　（尾田栄一郎『ONE PIECE』52 巻，集英社，2008 年）

　2009 年の映画"The Boat That Rocked"（邦題「パイレーツ・ロック」）。1960 年代，イギリス付近の公海上から電波を発し，全英の若者を熱狂させた海賊ラジオ船の物語。荒唐無稽なようだが，これは実話にもとづくフィクションである。先に取り上げた佐藤卓己『現代メディア史』には次のようにある。

　〈戦後も続いた BBC の独占体制に対して，1960 年代には若者向けの無認可ラジオ放送がブームとなった．こうした無許可の「海賊放送」に対抗するため，BBC は 1964 年ポピュラー音楽専門局（第 3 放送）を開局した．1972 年 6 月には，海賊放送の合法化のため商業ローカルラジオ局を認めるラジオ放送法が，ヒース保守党内閣の下で成立した．だが，テレビ時代のラジオは，イギリスにおいてもすでに国民統合のメディアではなかった．〉

　レコードやビデオ，出版物などの「海賊版（盤）」同様，一般人の勝手な電波の発信は，取り締まりの対象とされてきた。だが 1960 年代の若者文化の隆盛は，メディアの細分化を加速させ，受け手と送り手との敷居を低くしていく。とりわけ深夜のラジオ番組。

その音楽と軽妙なディスク・ジョッキー（DJ）の語りは、全国の（時には海外の）若者たちの個室に浸透し、大人たちとは無縁の「想像の共同体」を築きあげたのである。

こうした動きは、これまであまり研究書で正面切って論じられることはなかった。いきおい頼りとなるのは、メディア関係者たちが書き残した「稗史（はいし）」ということになる。天下国家や政治経済を論じた、権威ある「正史」ではないかも知れないが、人々の仔細な変化をとらえた本書のような書籍群は、雄弁にその時代を語る貴重な証人たちなのである。

バルト海から北海へ

海賊ラジオ放送船のルーツも、やはり戦争にあった。第2次世界大戦の末期にプロパガンダ放送を流すラジオ船の構想があり、1950年には東西の冷戦のもと、アメリカによって強力な電波が、地中海に浮かべた船から〈中近東、バルカン半島と鉄のカーテン内の東欧諸国へ送り込まれた〉。

1950年代末にはオランダや北欧の国々にむけて、今度は商業目的で電波を発する船が登場する。アメリカのポピュラー音楽、そしてアメリカン・スタイルのDJ、さらにはアメリカ企業のコマーシャルが、バルト海沿岸の若者たちを魅了していく。だが、荒れる海での技術的な困難、安定しない経営状態に加え、各国政府からの規制もあって電波を停めざるをえない船も相次いだ。

そしていよいよビートルズ旋風に沸くブリテン島に向けて、1964年キャロライン号から電波が放たれていく。マン島あたりからイギリス・ミッドランドをカバーする船と、ドーバー海峡あたりからロンドンを狙う船とを有していたラジオ・キャロラインは、1966年

の初めには〈一週間の調査期間中に南北キャロラインを聞いたリスナーは八八一万八千人におよび、全人口の四五％を占めていたという。スポンサーからの収入も日を追って増加していった〉。

だが、海賊放送を締めつける法案が英国下院に提出され〈一九六七年八月になるとイギリスの空を賑わせた二〇局近くもの海賊ラジオはほとんどが閉局に追い込まれ、…翌一九六八年三月三日、ついに両キャロラインは最後の電波を発射して消えていった〉。しかし、海賊ラジオはイギリス社会に大きな航跡を残してもいる。

〈イギリスの空を乱舞した海賊ラジオ局は巨大で強力な EMI、デッカという二大メジャーグループがメディアを独占しているため、出る芽を摘まれていた弱小マイナーレーベルのレコード会社に、いくらでもチャンスを与えてくれた。そのおかげで一九六四年以前わずか二％のレコード・シェアだったマイナーレーベルが三年間の海賊ラジオの活躍ののちに二〇％に飛躍したといわれている。〉

海賊ラジオの人気 DJ たちも、次々と BBC などに引き抜かれていき、ラジオからポピュラー音楽、とりわけロックが流れることが日常となっていった。ビートルズ解散後もブリティッシュ・ロックが加速を続けたのも、やはりラジオがあってこそのことだろう。

海賊の末裔たち

1970 年代に入ると、新手の海賊ラジオが現れてくる。〈放送電力は弱いが、ロンドンの市街地に潜入してあちらこちらから散発的にラジオ電波を撃ち込んだのである。彼らはしかも自らを海賊ラジオとは呼ばなかった。自由ラジオと名乗ったのである〉。

当時のロンドンの情報誌によれば、自由ラジオに乗り出す若者には５つのパターンがあるという。まずは、① DJ あこがれ型。この

場合のDJは，ラジオ番組を進行するMCを意味し，要するに自分のおしゃべりを皆に聞いてほしいというタイプ。その他，②技術マニア型，③音楽マニア型，今日のコミュニティFMにつながるような④地域参加型，そして⑤政治宣伝型。〈一九七四年以降イタリアにこの手の自由ラジオが飛び火し，そのあと一九七七年にはフランスに熱病のように感染していく〉。一九七〇年代イタリア各地で発生した，地域の自治を訴えるアウトノミア運動の主要なメディアとして自由ラジオは注目を浴びた。

〈ロンドンを中心に二〇〇局以上あったといわれるこの手の自由ラジオは大概この五種類のタイプに分類できる。その中でも音楽マニア型と政治宣伝型が最も多く，また長続きして一定のリスナーに影響を与え続けたといえるだろう。設備といってもせいぜい五〇ポンド程度の費用で制作できる手作りの放送機を三台以上用意し，数ヶ所に分散させてエリアを確保するのが典型だった。〉

フランスでは自由ラジオ運動とワールド・ミュージックの隆盛が密接に結びついている。〈一九八一年の社会党政権登場を境に，ラジオの自由化が雪崩を打ったように始まり，人種と文化のルツボとも十字路ともいわれるパリで，あらゆる民族の音楽が一斉に自由ラジオの電波に乗せられたのである〉。

そして時は流れて1991年。当時ラジオ・キャロラインはスイス国籍の企業組織に身売りされながらも，名前を残し続け，イギリス領海の外側で活動を行っていた。が，嵐の襲来を受け座礁。ドーバー港に曳航されることになる。そして翌92年には，〈海賊ラジオ，正式免許を受け堂々と放送開始〉という記事がイギリスの新聞各紙に掲載された。

〈ラジオ・キャロラインがドーバー港に入ると，海賊ラジオ船現

るとの噂が広まり，海賊船見物の観光客がこの港へ集まって来た。キャロライン側はこの群衆に向けサービス放送を行い，同時にリスナーや広告スポンサーにキャロライン再開のための寄付を募ろうというものだ。電力はわずか二五WのFM。しかも放送期間は一ヶ月程度である。とはいえ正式免許には違いなかった〉。観光客たちはノスタルジーの対象として海賊放送を愛でたのだろうか。

日本での展開，その後

では日本ではどうだったのだろうか。1960年代『平凡パンチ』は，ヨーロッパでの海賊放送の動向を伝えている。そして1971年，当時の人気DJ糸居五郎がオランダで船に乗り込み，海賊放送を体験している。糸居は満州でアナウンサーとしてキャリアをスタートさせ，〈引き揚げ後の一九五一年，ラジオ京都のチーフアナのあと一九五四年ニッポン放送の深夜放送専門アナとなり日本民放の黎明期にDJ番組を独創的に開拓していった〉。また五木寛之が1970年に発表した青春小説「四月の海賊たち」は，海賊ラジオ船を企てる若者たちの姿を描いている。日本のパンクロック・バンドの草分け「亜無亜危異」のメンバーが，もっとも影響を受けた本として『四月の海賊たち』（文藝春秋，1971年）を挙げていた。

一方1977年7月25日号の『popeye』誌は，世界の海賊放送特集を組んでいる。この頃から大学生を中心にFM電波を飛ばし，取り締まりの対象となるような動きが起こり始めている。また1978年の大森一樹監督作品"オレンジロード急行"は，改造したワゴン車から電波を発し続ける若者たちを描いた。

そして1980年代に入り，原宿に登場したミニFM局KIDSが話題を呼ぶなど，学生を中心にミニFM開局ブームをむかえる。

〈一九八三年四月九日には早稲田大学文学部にUBCFM（八六MHZ）が開局，毎週土曜日の正午から三時間番組を流し始めた。慶応大学の日吉学舎には四月一三日にFM慶応FUNFAN（八六MHZ）が開局，放送を始めている。いずれも学生のサークルがミニコミ誌代わりに企画しているもので学生の間での一種の流行現象でありリスナーが聞いているいないはあまり期待せず，FMごっこを楽しむのが本当の姿だった。〉

やはりこうしたミニFM局は一過性のもので終わり，ホイチョイプロダクションの映画"波の数だけ抱きしめて"（1991年）で懐古的に語られる存在となっていく。イタリアの自由ラジオの動きなども日本に紹介されたが，下北沢ラジオ・ホームランなど少数の事例があるに過ぎない。

こうしたさまざまな動きは，やがて各地のFM局開局ラッシュに回収されていき，またコミュニティFM局として制度化され，定着していった。BBCなどナショナルなメディアに抗し，国境をまたいで若者たちをつないだ海賊ラジオの系譜は，日本では基本的には地域アイデンティティ醸成のための装置となっていったわけだ。もちろん深夜のラジオ放送を好む若者たちは連綿と現れ続けているが，それは若者の中のある一部であって，かつてのように同じ世代・年代をカバーしつくそうという勢いは感じられない。

今，若者たちの新たな想像の共同体があるとするならば，それはインターネットによって仮構されたものであろう。インターネット・ラジオやポッド・キャスティングも一定の普及をみるだろうが，個々にダウンロードされ再生される以上，かつての同期性を失っている。「トランジスタ・ラジオ」にて「ベイエリアから，リバプールから，このアンテナがキャッチしたホットなナンバー，…空に溶

けていった」と歌った忌野清志郎も物故者となってしまった。合掌

原崎惠三（はらざき・けいぞう，1933- ）
　読売新聞社にて全国のテレビ局・ラジオ局設立に関係する。その後，静岡第一テレビや日本民間放送連盟などで活躍した放送人。

参考・関連文献
　松前紀男『音文化とFM放送　その開発からマルチメディアへ』（東海大学出版会，1996年）
　井上保『「日曜娯楽版」時代　ニッポン・ラジオ・デイズ』（晶文社，1992年）
　若月眞人『ピーター・バラカンのわが青春のサウンドトラック』（ミュージックマガジン，2009年）
　粉川哲夫編『これが「自由ラジオ」だ』（晶文社，1983年）

コンスタンス・ペンリー

『NASA/トレック　女が宇宙を書きかえる』
Popular Science and Sex in America, 1997

上野直子訳，筑摩書房，1998年

――女性が宇宙をどう語り，どう語られたか――

「日本人ってのは／全員／オタク／なんですよ！」
（フェリーペ・スミス『ピボチュー』1巻，講談社，2009年）

　日本のマンガやゲーム，アニメーションに興味を持ったアメリカ人のライターは，2006年頃日本での取材中にアニメ誌の編集者かつ評論家（当時41歳）から次にように言われたという（ローランド・ケルツ『ジャパナメリカ』永田医訳，ランダムハウス講談社，2007年）。〈最近，アメリカにたくさんのオタクがいるみたいだけど，実をいうと，僕らはあなたたちから学んだんだ。オタクが始まったのはアメリカ。僕が中学生だった頃の，『スター・トレック』のファンがオタクの元祖だ。彼らは活動し，衣装も持っていた。当時，アメリカはすでに『オタク』を実践していた。まさか日本で広まるなんて思わなかった〉。

　ドキュメンタリー映画"Trekkies"（1997年）や"Trekkies2"（2004年）を観ると，惑星連邦の宇宙船エンタープライズ号を舞台とするアメリカのSFテレビ番組「スター・トレック」（最初のシリーズは1966～69年放映）を深く愛するトレッキーたちは，1970年代の早い時期から，異星人など番組登場人物のコスプレを含むファンダム（ファン集団）を形成し，各地で会合（コンベンション）を開くなど活発な活動

を繰り広げてきた。

　映画"Trekkies"の中には，日常生活でもエンタープライズ号のユニフォームで過ごす人々が描かれていたりもする。陽気で誇らしげなトレッキーたち。だがその一方で顔を隠し，音声を変えた女性も登場している。彼女たちこそが，スター・トレックをめぐる二次創作の担い手であり，独特の同人誌(ジーン)文化を生みだしてきた「スラッシャー」なのである。

　本書は，スター・トレックというスペース・オペラがいかにリアルなアメリカ社会に浸透したかを語っている。そして，宇宙に関していかに女性たちが周縁的な場所に置かれてきたか，またある女性たちはスター・トレックのストーリーを換骨奪胎し，どのように自らのファン文化を立ち上げていったのかが語られている。

ジョークの中の性差別主義(セクシズム)

　タイトルに「NASA／トレック」とあるように，現実のNASA（アメリカ宇宙航空局）とファンタジーのスター・トレックとが影響を及ぼしあい，相互に浸透しあっている様子が本書の第一のトピックである。

　〈管制センターのコンピュータは，スコッティとかウフーラとか呼ばれてきたし，シャトルの船上コンピュータの呼び名はスポックだ。これ以上ふさわしい呼び名があるだろうか。…『スター・トレック』の影響で宇宙飛行士になったと話す者も少なくない。初のアフリカ系黒人女性宇宙飛行士，メイ・ジャミソンは，ニシェル・ニコルズが演じた「エンタープライズ」のアフリカ人通信士官，ウフーラ少尉を見て，初めて自分も宇宙に行きたいと感じたと語っている〉。ちなみにウフーラは黒人女性，スコッティ（機関士）は白人

男性の登場人物。彼・彼女らの名が，NASAのコンピュータに冠されていたのである。

　惑星連邦とある以上，また1960年代の公民権運動などを背景として，エンタープライズ号にはじつに多くのマイノリティ・グループの人々——カーク船長は白人男性だが，副長スポック（男性）は合理的であることを旨とするバルカン星人の血をひく——が乗り込んでいた。オリジナル・シリーズにアジア系「ミスターカトウ」が登場しており，〈『スター・トレック　ネクスト・ジェネレーション』のシャトルのひとつは，「チャレンジャー」の乗組員だったエリソン・オニヅカにちなんで「オニヅカ」と名づけられた〉。1986年，NASAの打ち上げたスペースシャトル「チャレンジャー号」は，発射後約1分で爆発し，キャビンは海上に墜落，乗組員7名が死亡した。1987年に始まるテレビ第二作目「ネクスト・ジェネレーション」は，チャレンジャー号への追悼の意を表したのである。

　この7名のうち，初の民間人女性宇宙飛行士クリスタ・マコーリフに関して，当時悪意に満ちたジョークが多く囁かれたという。たとえば，彼女の最後の言葉は，「ねえ，このボタンは何？」だったといった類。

　ペイリーによれば〈NASAにとってマコーリフは完璧だった。いかにもアメリカ的な隣りの家の女の子のイメージそのものだった。きれいだけれど美しすぎはせず，有能だが知的というほどでもない。伝統的な母にして教師という女性であった。おまけに弁護士の夫は高校時代のボーイフレンドときている〉。要するに〈普通の妻，母，教師，市民であるマコーリフを宇宙へと送れば，一般の人々も彼女と自分自身とをだぶらせることで，もう一度NASAに親近感を抱き，その巨額プロジェクトを支持してくれるだろうとNASAは期

待したのだ〉。

　だが，チャレンジが失敗に終わった時，それみたことかという声が生じてくる。しょせん普通の女性などに宇宙開発の任務は無理だ，という心ないジョーク。もしくは，〈マコーリフはどこで休暇を過ごしたか？──フロリダ海岸のあっちこっちで〉といった悪趣味。

女が宇宙を書きかえる

　こうした男性優位の考え方は，「スター・トレック」にしても例外ではない。4代目にして初の女性船長ジェインウェイの誕生は，1995年に始まるボイジャー・シリーズ──設定は24世紀──を待たなければならなかった。

　その間，ある一部の女性ファンたちは，草の根レベルよりもさらに地下深いシーンにおいて大胆な「書きかえ」を実行していた。すなわち〈カークとスポックを宇宙を旅する恋人たちに仕立てたアンダーグラウンド・ポルノを何年にもわたり書いてきた熱心な女性ファンのグループ〉である。彼女らは「K／S」ファン，あるいは「スラッシュ」ファンと呼ばれ，彼女らの同人誌において〈K（irk）とS（pock）の間に引かれたスラッシュは，その雑誌に掲載されている小説，詩，イラストなどが，男性同性愛ものであるのを示すサインとなっている〉。つまり，本来のストーリーにはないストーリーをオーディエンスの側で読み込み，そのふくらんだ想像を「二次創作」として発表していたわけだ。たとえばある小説では，〈宇宙が最後のフロンティアだって……ちがうよ。それは，君さ〉とスポックの耳もとでカーク。あの冷静沈着なスポックまでもが〈僕たちはまだ誰も知らない場所へ……大胆に……踏み出していかなくては〉etc.。

もちろん〈テレビに登場する男性二人組で，同人誌でスラッシュされている（同性愛カップルにされている）ものには，ほかに刑事スタスキーとハッチ（S／H）〉などもあったが，〈とりわけSFのカップルはスラッシュによくなじむようだ。男どうしのカップルを，魔法のような科学とテクノロジーに恵まれた未来の世界に置くことで，あらゆる可能性が開けてくるためだろう〉とペイリーは言う。
　ヘンリー・ジェンキンスは，1992年の著書"Textual Poachers: Television fans & participatory culture（テクストの密猟者たち：テレビファンと参加型文化）"において，フランスの歴史家・哲学者ミシェル・ド・セルトーの概念を借りながら，K／Sビデオ制作の実践を'poach（密猟）'と言い表している。スラッシャーたちは，文字や雑誌のみならず，映像・音声なども操っていたのだ。
　そして〈インターネットという最新テクノローにステップアップすべきかどうか，それについてもかなり慎重な検討が重ねられた。一九九六年のファン・コンベンションでは，スラッシュ・ライティングとファン・コミュニティーへのインターネットの影響についての討論会に四〇名が参加した〉。

そこにテレビがあるからだ

　ではなぜ，人びとはK／Sに魅かれるのだろうか。ペイリーによれば，〈通常のロマンスのルールには男と女の不平等がすでに組み込まれており，支配と従属はそれぞれに男性，女性の役割として一様に振り分けられるが，男どうしをカップルにすればこの不平等を回避できるのだ〉。そしてカークとスポックが素材となったのは〈たまたま眼前にあったのがテレビの世界，すなわちたくましい男たちの活躍の舞台だったので，彼らが感情移入とエロティク・ファ

ンタジーの投影の対象となっただけなのだ〉。

　たしかに、彼女らの手近に「キャプテン翼」などはなく、ジャニーズ事務所のタレントたちも存在しなかった。日本では小谷真理が、アリス・ジャーディンの「ガイネーシス」概念を用いて、K／Sなどへの先駆的な考察を行っている（小谷真理『女性状無意識〈テクノガイネーシス〉』勁草書房、1994年）。そのガイネーシス——家父長的男性優位社会にあって、その枠組みにおさまりきらない夢・狂気・無意識——をベースに、スラッシャー文化と日本の「やおい」などとの共鳴がみられるというのだ（この場合のやおいは、男性同性愛設定の二次創作を指す）。小谷によれば〈スポックはカークの副官いわば女房役であり、ふたりの相貌はまさに主-副関係を裏付けるかのように、カーク＝白人男性的、スポック＝民族的だ〉が、よくよく見てみるとカークは〈顔が美しい、背が低い、身体的に弱い〉上に性格は感情に流されやすく〈古典的女性性〉を示すのに対し、スポックはあくまでも〈論理的＝古典的男性保有者〉である。こうした一種のジェンダーの混乱ゆえに〈女性たちの希望するカークとスポックは、古典的男性・女性像のステレオタイプを押し付けられることをよしとせず、強く美しく、愛と仕事を両立させたい女性たちの欲望の象徴として存在する〉。

　もちろん、あらゆるテクスト内の男性たちの間に、同性愛関係を仮構、ないし幻視しようとする女性たちが、多数派を形成しているわけではない。だが、海外ドラマの中に人種や言語を超えた女性同士の共感を見いだすファンダムも、家父長的な男性優位主義の劣化コピーの残存する現在の日本社会に異を唱えた韓流ブームも、どこかガイネーシスな側面を秘めているようにも思える（河津孝宏『彼女たちの「Sex And The City」』せりか書房、2009年、林香里『『冬ソ

ナ」にハマった私たち』文春新書，2005年)。メディアないしコンテンツを介した想像の共同体の成員である点で，こうした幅広い女性ファンダムと，スラッシャーや腐女子との，さらにはオタクを自認する人々との隔壁は，実はそう高くないのではなかろうか。

コンスタンス・ペンリー (Constance Penley, 1948-)
　メディア論やフェミニスト・セオリー，科学技術論，現代芸術などをフィールドとするアメリカの研究者。現在，カルフォルニア大学サンタバーバラ校教授としてフィルム＆メディア・スタディーズのコースを担当している。

参考・関連文献
　玉川博章ほか『それぞれのファン研究　I am a fan』(風塵社，2007年)
　石田美紀『密やかな教育　〈やおい・ボーイズラブ〉前史』(洛北出版，2008年)
　堀あきこ『欲望のコード　マンガにみるセクシュアリティの男女差』(臨川書店，2009年)
　守如子『女はポルノを読む　女性の性欲とフェミニズム』(青弓社，2010年)

とりみき

『愛のさかあがり ［天の巻］［地の巻］』

角川書店，1987 年（ちくま文庫，1995 年）

―― テレビの転換点としての 1980 年代 ――

「ぼくは／ときどきテレビの中で／ひるねなんかをするように／なった…」
（水木しげる『テレビくん』妖怪傑作選①，中公文庫，1996 年）

　テレビに関する刺激的な論者を考えたとき，故ナンシー関の名を挙げることに異論は少ないだろう。ただし，彼女の持ち味はあくまでも「時評」にあった。その時々に多くの人が漠然と抱いていたテレビ番組やその登場者に対する違和感を，鋭い観察眼と絶妙の表現力とで書き記していったのである。今の若者たちにとっては，ナンシー関のコラムで取り上げられている人・モノは，すでに有史以前の出来事となってしまっている。

　もう少し，テレビに関して一般的・普遍的な議論をした人物はいないだろうか。加藤秀俊・藤竹暁・中野収以降，あまり研究者の世界から人材が出たとは思えない。最近の若手だと，すでに魅力を失ったテレビよりも，他のメディアやコンテンツを論じることに忙しかったりもする（遠藤知巳編『フラット・カルチャー』せりか書房，2010 年）。

　そこで思い出したのが，前章で取り上げたチャレンジャー爆破の際に，「とりみき」が残した衝撃的な発言であった。今日では当たり前のものとなったエッセイ・マンガのパイオニアとも言うべき

『愛のさかあがり』(1985年7月〜86年11月に週刊誌『平凡パンチ』に連載)でのことである。1960〜80年代にかけて一世を風靡した『平凡パンチ』自体が遠い過去のものとなりつつあり，このマンガでとりあげられている事柄も平成生まれになじみのあるものではない。とりもナンシー関同様，テレビとともに育った世代であり，そのテレビへの惑溺は若い世代には異様に映るかもしれない。だが，対象からつねに一定の距離感を保ちながらも，テレビなどへの深い愛を語ったとりは，1980年代に起こったさまざまな社会変容を絵と言葉に定着させており，今日でも読み返されるべき作品を残している。

「狂乱のテレビ三昧の日々」
　〈プロ野球ニュースで広島―ヤクルト戦を観ていたら／いきなり画面に逸見政孝が出現し／三浦和義さんが逮捕されてしまったのだった〉で始まる，『愛のさかあがり』ACT10（[天の巻] に収録）。すでにアナウンサーの逸見氏も，いわゆるロス疑惑の三浦和義氏も故人となってしまった。ちなみに，この1985年9月11日は〈夏目雅子が死んだ。赤尾好夫が死んだ。白虎社の一人がアメリカで転落死し，山城新吾(ママ)が日本で離婚した。…これらすべての出来事はその日阪神にマジックが出たために起きた，という高橋源一郎氏の説が面白かった〉という日である。
　こうした日には，とり宅では4台のビデオデッキにVHSテープが入れられ，〈その瞬間　それぞれ別のチャンネルにセットされ／各局の特番の録画がスタート〉する。〈事件や事故があると私はテレビの前に釘づけになってしまう／むろん各局のワイドショーやニュースを順を追って録画するため〉であり，そして〈また長い一日

が始まる!!〉。とり曰く、こうした行為のポイントは〈リアルタイムで追っかけていく〉ことと〈同時に別の局の番組を録っておく〉こと。突発的な事件の報道には、テレビのシステムが弛緩する瞬間——〈TVというメディアの仕組みが露呈してしまう時〉——があり、思いがけない発言や不用意な映像などが飛び出すことがある。そうした失言などのあわてぶりを、その後テレビ局は無かったことにしていく。「現在にしか過ぎない」頃は、それでもよかったのかもしれないが、ビデオデッキの家庭への普及は、以前とは異なったテレビ視聴のあり方を生み出したのである。

　こうして録りためたテープは、さらに編集されていく。〈例えば日航機の事故の時などは事故発生から川上慶子ちゃんの追っかけ劇まで／L-500テープで10巻分も録ってしま〉い、それを〈二時間くらいの長さに自分で編集し直すのだった〉。〈各局にまたがって編集ができるというのは視聴者の特権である〉。なぜならば〈こうしょっちゅう観てると／節操のない局　最初に出遅れたためにキワモノで回復をはかる局とか／色々わかってきてなかなか面白い〉。そして〈視聴者がそういう番組で観てるものは——もう「事件」や「事故」そのものではないんですね／「事件」「事故」と「それを追っかける報道陣（もちろん映しているテレビも含めて）の／係り結びの方を「すごい」「面白い」と思ってるに違いないのだ〉。たとえば、1985年日本航空機の御巣鷹山への墜落の際、数少ない生存者である少女の救出劇を追った〈"奇跡の生還"の時も「よかった!」というのと同時に／「あーっCX（フジ）が出しぬいた」と、まるで業界の人みたいなことを皆思いながら見てる／そんな時代なのである〉。

　この回についてとりは、〈見る側がいちばん興味があるのは番組の内容ではなく「TVの仕組み」になっているのだ。「夕やけニャ

ンニャン」があれ程受けたのはTVの仕組みがよく見えたからだし、とんねるずが面白いのは彼らが行く先々の番組で仕組みを暴いていったからだ〉と［地の巻］にて自己解説している。そこで語られているのは、アイドル産出のプロセスなど、あえて番組制作の舞台裏をばらし、業界用語を操る素人を増殖させていったテレビの1980年代であった。

「星に願いを」

そして［地の巻］に収められたACT31は、子供の頃から心待ちにしていた1986年のハレー彗星の大接近を、オーストラリアからの中継映像でしか観られなかったというエピソードから始まる。

〈殺人や革命　戦争までTVで見られる時代ではあるが／逆にこれらはもう**TVでしか見られない時代**なのだともいえる／TVに映っていることこそ真実　TVこそが世界だ　隣で大事件が起きててもTVでやってなければそれはウソだ／てェのはちょっと前の物の見方でありまして／最近はもちょっとフクザツな構造になっている／TV見てる方はTVに映ってることはヤラセだってのをもう皆知っている／知ってるくせにTVを通してしか世界を見ない（TV＝世界）ってことだけは変わらないから／つまりもう世界そのものがヤラセになっちゃってる／昔の人ってのは実際に自分が見聞きしたことをTVで追体験してたんだけど／ぼくらはまずTVで擬似体験したあと本番がやってくるわけで／本番になってもかつてTVで見た通りにしか対応ができない〉。

何ものかをメディアが祭り上げる、ブーアスティンが疑似イベントと呼んだ段階から、藤竹暁らが「疑似環境の環境化」として論じた段階へ。そして劇場型犯罪と称されたグリコ森永事件や、テレビ

第3部　メディアの現在進行形

カメラの前でドラマさながらに人が惨殺された豊田商事事件の1980年代へ。その軌跡をもっとも鮮やかに描き出したのが、とりみきだったのである。

〈こうして実際に起きる事件はますますフィクションぽくなり／それがまたTVで映されるというフィードバックによって／世の中はますますウソっぽくなってゆくのだった／チャレンジャーの爆発を見て僕がまっ先に思ったのは／あーけっこう金田さんの演出ソックリに爆発するもんだなあ　ウソっぽいなー　ということなんですね／これはアポロの着陸を見て　これセットじゃないのー？　と言っていた感覚とはちょっと違うものなのだった〉。註によればこの「金田さん」とは、〈アニメーターの金田伊功氏のこと。「銀河鉄道999」「幻魔大戦」「風の谷のナウシカ」等で原画を担当。爆発シーンなどの表現に定評がある〉。

良識的な発言をすれば、「実際に人命が失われているのに、ウソっぽいとはいかがなものか。『平凡パンチ』編集部はその辺を考えて、この原稿を掲載したのか」ということになろう。だがこうした良識にも、どこか既視感(デジャビュ)がつきまとう。もしくは、「コピー＆ペーストした文章に固有名詞を入れ換えただけ」感。21世紀も第2ディケードをむかえた現在は、疑似環境の環境化という指摘が、何をわかりきったことを言ってるんだと反応されかねないフェーズへと突入しているのかもしれない。

アーカイブ化する世界

こうしたとりのテレビ論は、おたく論の史料としても読めるだろう。とりみき『RARE　MASTERS』（河出書房新社、1994年）には「それからの愛のさかあがり」として「CMモデルの巻」と「エア

チェック編」が収められている（いずれも初出は1989年）。

　もはや「エアチェック」という言葉自体も死語であろう。1970年代，カセットテープとデッキの普及によって，FM放送の音楽番組などから好きな曲を録音することが若者の間で流行していた。中高生のアルバイトが一般化していない時期，レコードはまだまだ高価な商品であり，レンタルの仕組みも存在しなかった（もちろん，すべてがアナログの時代である）。音楽と映像の差こそあれ，磁気テープへと記憶させ，それをダビングしてオリジナルなテープをつくるという行いは，1958年生まれのとりにとっては，ごく当たり前の実践であった。

　そして事件・事故とともに，とりが録りためたのは「アイドル」であった。とり作品ではおなじみのタキタ君が聞き手となり，エアチェック編ではビデオ録画に最適な機種やテクニックが伝授されていく。〈こっこれはH田T世のすべての出演番組及びCMを編集した伝説のビデオテープ!?／出演番組だけではないぞ　ワイドショーなどでほんの2, 3分ほど流れるキャンペーンの取材なんかもすべて押さえてある!!／すっげー　とんでもねービデオおたく／これではまるで……みや**ピー**きのようではありませんか／最近よくいわれます〉。

　アイドルCMの収集家であった青年の幼女誘拐殺人事件が世を騒がせていた頃のことである。だがとりは，そうして録りためた映像を見返すことはほとんどないとも語り，〈"すべての物事は見返しがきく"と誤解するよーになっちゃう／例えば旅行に出ても……ビデオカメラばっかりまわしてて／風景をほとんどファインダーを通してしか見てなかったりする〉。それゆえ〈ビデオマニアの諸君〉に対して，〈エアチェックのことなんか忘れて**アフリカ**　行きなさ

いアフリカ／そこで生のカバやキリンやライオンと接するのだ!!／もちろんビデオカメラは置いていくこと〉と主張する。〈アフリカはいいぞ　きっと／おれ行ったことないけど　たぶん〉と,〈M事件の編集にあけくれ〉ながら。

とり・みき（1958-）
　1979 年に少年マンガ誌にてデビュー。以後,ギャグや SF といったジャンルで活躍を続け,代表作に『クルクルくりん』（徳間書店,1990 年），『遠くへいきたい』（河出書房新社,1997 年），『SF 大将』（早川書房,1997 年）など。

参考・関連文献
島本和彦『アオイホノオ』（小学館,2008 年～）
太田省一『アイドル進化論　南沙織から初音ミク,AKB48 まで』（筑摩書房,2011 年）
長谷正人『映画というテクノロジー経験』（青弓社,2010 年）
水島久光,西兼志『窓あるいは鏡　ネオ TV 的日常生活批判』（慶応義塾大学出版会,2008 年）

吉見俊哉，若林幹夫，水越伸
『メディアとしての電話』

弘文堂，1992 年

―― 電話のこと，忘れていました ――

「おっ／ベルや！／どっか／電話ボックス／ないか？」
（南勝久『ナニワトモアレ』2 巻，講談社，2001 年）

　アメリカの人気コラムニストであったボブ・グリーンは，「電話でパーティ」というエッセイを残している（『チーズバーガーズ1』文春文庫，1993 年）。
　イリノイ州に住む男性ヴィック・ラーソンは日曜の昼下がり，友人宅に電話をしようとして，不思議な混線状態に出くわした。ある地域に住む人々が電話をかけると，どういうわけだか皆が皆と通話できるようになり，回線上で見知らぬ同士が立食パーティしているような状態に入り込むのである。多くの年配者が混線とわかると受話器を置くのに対し，ティーン・エイジャーたちはそこにとどまり，誰彼ともなく会話しようとする。入れ代わり立ち代いろんな若者が現れ，「〇〇に住んでる人いる？」「××に行ったことがある？」等々のたわいもないやりとりを繰り返す。28 歳の医療技師ラーソンは，なぜか 3 時間も受話器に耳を当て続けていた。
　話は盛り上がり，午後 4 時にとある街角に集合しようということになる。何かおもしろいことはないかと，友人たちと週末街をうろついた高校時代，あの頃に戻れるのではないか…。そんな思いから

ラーソンは、その場所に足を運んでみる。だが、結局誰も来ない。彼に特別な日曜日がおとずれることはなかった。

　既知の人に用件を伝えるだけのメディアと思われていた電話が、見知らぬ不特定多数とのコミュニケーションの場となるという驚き。ラーソンが電話の前から離れられなかった理由の一つはそれであろう。これは電話会社のシステム不具合によるイレギュラーな出来事だったわけだが、やがてこうした「電話でパーティ」は、電話会社側から通信サービスの一種として提供され始め、さまざまに日夜繰り広げられるようになる。

　前章でみたように、テレビは見かけの華々しさとは裏腹に、20世紀末には衰退の局面にさしかかりつつあった。それと入れ替わるように、にわかに騒がしくなり始めた電話。もしくは、知人との通話の道具という用途以外には、電話に何も期待されていなかった時代から、何かが動き出した1980年代後半。本書はそうした時代背景とともに読まれるべき1冊である。

身体技法としての電話

　1985年、日本電信電話公社が民営化され、NTTとなる。そこから次々と新たなサービスが登場してくる。〈伝言ダイヤルやダイヤルQ^2のパーティー・ライン等が一種の社会問題化していったとき、これらのサービスに興じる子供たちを見て親たちは、目の前にいる自分の子供が、受話器の向こうのどこかへ行ってしまうような気分を味わわなかっただろうか？　また、テレフォン・クラブ（テレクラ）やダイヤルQ^2のツーショット・ラインで異性の友人を求める人々を、人と人との「本当の出会い」から疎外された人々を見るかのような目で見たことがなかっただろうか？〉。

こうした問いかけから若林幹夫の章は始まっていく。ラーソンの体験した混線状態を，キャリアの側が有料で提供したのがパーティー・ラインであり，ユーザーの側が勝手に疑似的なパーティ状況をつくっていったのが伝言ダイヤルだと，ここでは大まかに理解しておきたい。出会い系サイトなるものが出現する以前，声での出会いを求めて，人はあたかも回線の中をさまようかのように，受話器を握り続けていたのである。
　こうした事態を若林は，「用件電話」に対する「おしゃべり電話」の優越として論じていく。両者を，道具的（インストゥルメンタル）と自己充足的（コンサマトリー）と言い換えても，また『電話するアメリカ』での「ビジネス／社交」に比定しても大きな間違いはなかろう。だが，本来電話は「用件のためのもの」だったのだろうか。
　〈一八七六年の秋に，グラハム・ベルの代理人から電話の特許権を一〇万ドルで譲渡しようという話をもちかけられたウェスタン・ユニオン電信会社の社長ウィリアム・オートンは，「子供のおもちゃならともかく，わが社の事業としてはどうも……」と言って断ったという〉。オートンの「子供のおもちゃ」という評は，実は正しかったのだ。だが彼は，10代の少年少女の長電話が巨大な市場を作り出す事態を予測できなかったのである。
　では，人々は何を求めて電話空間へと没入していくのだろうか。無言電話について〈私の耳っていうか手っていうか，メカトロみたいなものがずっとのびていって，その人の家まで届くような気がする〉〈誰だか分かんない人のメカトロの手が私を触っているみたい〉と述べる若い女性の言を引きながら，若林は次のように指摘している。「メカトロ（ニクス）の手」という表現は，〈電話のなかに現れるもう一つの身体，日常生活のなかで私たちを捉える重い身体とは

異なる、メカニックで軽やかな、幻想化されたもう一つの身体の場所を、言い当てている〉。

固定されない電話の登場

では子供や若者たちが、もう一つの身体を電話空間へと投企する喜びを、どのような歴史的な経緯の中で会得していったのだろうか。吉見俊哉によれば、〈電話が家庭に普及し始めてからしばらく、多くの家庭ではこのメディアを、玄関、それも下駄箱の上などに置いていた〉。その後、電話は家庭の深部へ、〈次第に応接間や台所、そしてリビングルームへと移動し始める。…そしてさらに、親子電話やコードレス電話の普及とともに、電話は両親の寝室や子ども部屋にも置かれ、家庭の各々の成員を直接、外部社会に媒介するようになるのである〉。

友人や恋人と延々と電話でふれあうわが子に対し、電話料金の問題以上に、一家の団らんへの不参加という点を親たちは非難する。だが、ある調査によれば半数以上の大学生が通話相手として家族を挙げており、〈電話がここでは、家族のなかから個人を抜け出させて外部の社会に接続するのではなく、社会のなかで分立する個人を家族の側に結びつける作用を果たしているのだ〉。かくして〈一九六〇年代以降の家庭や地域のなかへの電話の浸透は、次第にこれらの領域内のあらゆる場所に回線の端末を遍在化させ、共同体の場所的な広がりには依存しない社会性の場を、広範囲にわたって恒常的に出現させてきた〉。

この電話の遍在化をまず担ったのが、公衆電話である。とりわけ1982年のテレホンカードの登場以降、街頭での「おしゃべり電話」が一般化してくる。そして、やがて公衆電話を押しやる存在が、こ

の時期台頭を始めていた。

　〈自動車電話・携帯電話についてみると，サービス開始は七九年からだが，八五年になっても契約者数は約六万で，この時点ではまだそれほど大きな影響力をもったメディアとはなっていなかった。ところが，八七年頃から契約者数が急速に伸び始め，八八年一〇月には二〇万を，八九年九月には三〇万を，九〇年五月には四〇万を，そして同年一二月には五〇万を突破するに至っている〉。10代の「ケータイ2台持ち」が当たり前の今日からみると，桁を間違えているのではと思える記述であろう。

　また吉見は，通勤電車内などでの携帯電話の通話マナーが問題化され始めたことにいち早く注目し，〈彼らは，その場にいながらその場にはいない。つまり物理的には電車の中という場に身を置いていても，意識としてはすでにそこから遊離し，回線のなかを生きてしまっている〉と指摘している。メカトロの手となりながらも，物理的な身体は電車内に残されている。それゆえ生じる，車中に共在する人々が維持しているリアリティとのズレ，ないしリアリティの重層化。メールという声なき会話が一般的となった今でも，その基本的な構造は変わらない。

　そして〈電子的な声であり，電子的な文字であれ，われわれの身体の一部が電子的に複製されながら時間と空間を超えてネットワークのなかに拡散していくという事態〉は，電話・パソコン通信・CB無線（Citizen Band Radio）などに共通しており，これら〈メディアの諸ジャンルは，たしかにその特性はそれぞれ異なるのだが，われわれの自己を電子的ネットワーク化し，そのネットワーク上にある種の社交圏を形成していくという点においては，共通の社会変容の断面を示しているのだ〉。

電話というメディウムの曖昧さ

　先の『メディアの生成』において,「ラジオはいかにしてラジオとなったのか」を追求した水越伸は,本書では電話がある像を結ぶまでと,その電話像がゆらぎはじめた1990年前後について語っている。

　たとえば電話それ自体。その姿は,やはりNTTの発足とともに激変していく。電話と言えば,お上(かみ)から貸し与えられたダルマ型黒電話という時代が長らく続いたが,電話機も幅広い商品バリエーションを備え始めるのである。水越によれば,当初は家電品的な「白モノ」電話も登場したが,やがてAV機器や情報メディア機器のデザインを踏襲する「黒モノ」が主流を占めるようになる。

　〈携帯電話のかたちは,かつての「黒電話」の受話器部分だけが自立したものだというだけではとらえられない。どちらかといえば電子手帳や小型トランシーバーに近いようなものにすでになってしまっている。携帯電話は「黒モノ」の価値を受け継ぎながらも,家庭内に置かれている電話からさらに一歩進んで,情報メディア機器として独自の領域を生み出しつつあるといえる。〉

　これはデザインだけの話ではない。現に多くのケータイは,インターネット端末でもあり,情報メディア機器と呼ぶにふさわしい外観と内実を有している。その後ケータイにその機能を盛り込まれて(掠め取られて)いったメディアとしては,ラジオ(ポッド・キャスティングetc.),テレビ(ワンセグ放送),カメラ,ポケベル,ゲーム機など枚挙にいとまがない。

　1990年にNTTの発表したサービス・ビジョンにしても,VI & P (Visual, Intelligent & Personal)である。声へのこだわりを捨て,文字(メール)はもちろん,高速回線による映像・画像のやりとり

も見すえていたのであろう。もうすぐ，こう呟く若者も出現するのではないだろうか。

　最近のケータイはすごい。電話もできる!!

吉見俊哉（よしみ・しゅんや，1957-　）
　東京大学大学院情報学環・学際情報学府教授。著書に『メディア時代の文化社会学』（新曜社，1994年）など多数。

若林幹夫（わかばやし・みきお，1962-　）
　早稲田大学教育・総合科学学術院教授。著書に『都市の比較社会学』（岩波書店，2000年）など多数。

参考・関連文献

　富田英典『インティメイト・ストレンジャー　「匿名性」と「親密性」をめぐる文化社会学的研究』（関西大学出版部，2009年）

　J・カッツ，M・オークス『絶え間なき交信の時代　ケータイ文化の誕生』（立川敬二訳，NTT出版，2003年）

　松田美佐ほか『ケータイのある風景　テクノロジーの日常化を考える』（北大路書房，2006年）

　山崎敬一編『モバイルコミュニケーション　携帯電話の会話分析』（大修館書店，2006年）

井手口彰典

『ネットワーク・ミュージッキング』

勁草書房, 2009年

―― 遍在するメディアと所在のない社会 ――

「メ…メイルの／できるものを／下さい／息子と…／つながって／いたい…」
(井上雄彦『リアル』8巻, 集英社, 2008年)

　前出のチャレンジャー号の段階では, 全米の人々が爆発事故をテレビを通して目撃していた。アニメみたいだと思いながらも, 日本のマンガ家も画面を見入っていた (そして, すぐさまビデオに録画を始めた)。映画のようだと語られた9.11や3.11を経て, 今われわれは宇宙船の爆発もビルの倒壊も, いつでも動画共有サイトで観ることができる。手元にそのコンテンツをキープしておかなくとも, どこかの誰かが所有しているものを, かなりの確率で見聞きすることができる。そんなメディア環境に今われわれはいる。

　メディア・テクノロジーの進歩が, 人々のメディアへの接し方を変えた, とも考えられよう。しかし, どこかの誰かの所有物をあてにするような仕組は, 今世紀に入っていきなり始まったものなのだろうか。

　唐突な例示のようだが, かつてアメリカ西海岸を中心に活躍したザ・グレイトフル・デッドというロックバンドがあった。そして, そのファン集団であるデッドヘッズの間では, taperと呼ばれる特異な慣習が存在していた。グレイトフル・デッドは, 即興で長い曲

を演奏するいわゆるジャムバンドであり，ライブを身上としていたため，何年何月何日のどこそこでの演奏を聞きたい（聞き逃した）というファンは，その音源を持っているデッドヘッズへとアプローチすることになる（もちろん，自分の側で提供できる音源を示しつつ）。このバンドもそのファンたちも，1960年代の対抗文化の影響を受けており，仲間同士の分かち合いの精神を強く持つため，コンサート会場での録音も，そのダビングや共有（シェア）も，商業目的でない限り許されていたのである。

　磁気テープと郵便を駆使したデッドヘッズの実践が，メディアのデジタル化・ネットワーク化のもと，一般的なものとなったのが動画共有サイトと考えることもできよう。ポピュラー音楽研究の展開を示す本書は，そうした現在を考えるための，まさに現在進行形のメディア論でもある。

「所有」から「参照」へ

　まず井手口は，所有を〈形あるモノの存在と強く結び付いている〉概念ととらえ，参照を〈記録メディア，たとえばハードディスクやウェブサーバとの間で情報の遣り取りができる環境であることを前提とし，記録メディア自体の所在や物理的な移動とは無関係なままに，そこに納められたデータにアクセスしまた利用すること〉と定義する。そして本書のタイトルであるネットワーク・ミュージッキングを，〈ネットワークの「こちら側」における所有や複製に代わり，ネットワークの「あちら側」の参照を重視するような社会集団によって積極的に運用される音楽実践〉とパラフレーズし，「複製の時代」と言うべき20世紀に対し，「参照の21世紀」を対置する。

ここでもまた，技術と社会の関係が問題とされている。というのは，所有→参照という実践のあり方の推移と，アナログ→デジタルというシフトとの間にはタイムラグが存在しているのである。要するに，技術面でのデジタル化が進んだからといって，それがダイレクトに，人々の音楽視聴のあり方の変容につながるわけではないのだ。井手口の立場も，技術決定論・社会決定論のいずれにも組しないというものである。

　〈新しい技術は，何らかの思惑を持った人々の働きかけによって，あるいはまったくの偶然によって，社会へと登場する。それによって，従来はできなかった某かのことが技術的に可能になる，というのは事実だろう。だがその技術は，年齢や性別，収入，思想，趣味などを異にするいくつもの社会集団のなかで，それぞれ異なった受け止められ方をする。…技術は，社会集団同士の衝突や折衝を経ながら，徐々に意味付与され，整形され，そして社会全体のなかに吸収されていく。無論，デジタル録音技術も，あるいは本書の後半に登場する情報通信技術も，その例外ではない。〉

　録音・再生のデジタル化が進んでも，〈CDが便利なレコードであったのと同様に，DATやMDは音質がよく頭出しも容易な，いわば「便利なカセットテープ」でしかなかった〉。要するに，1980～90年代は依然「所有」のパラダイムにあったのである。

オーディオの端末化／端末のオーディオ化

　デジタル（MP3）オーディオプレーヤーの初期も，それ以前のメディアとのアナロジーを引きずっていた。つまり，〈カートリッジ交換の必要がない便利な大容量ウォークマンみたいなものとして語られている〉。だが，iTunesストアというネットでのダウンロード

による楽曲購入の仕組が定着したあたりから，徐々に所有から参照への地すべりは顕在化してくる。

〈確かに，支払いを済ませなければ聴くことのできないiTunesストアの楽曲群と自宅のCDラックを同一視するのは少々強引かもしれない。しかし，ならば一定額を支払うことでサービスに供されるあらゆる音楽を特定期間自由に聞くことができるサブスクリプション・サービスはどうだろうか…。法的な是非を保留にした上での話だが，ウィニーなどのP2Pによって共有された音楽ファイルの一覧，またニコニコ動画やユーチューブで公開された動画の総体をイメージしてみるのはどうだろう…。〉

'peer to peer（友人から友人へ）'にもとづく，いわゆるファイル交換ソフトに関して詳述は避けるが，本章冒頭で述べたデッドヘッズたちのtaperという文化——自ら提供できる楽曲を開示しあい，提供しあう実践——を，インターネット環境下でより一般的に，使い勝手よく実現したものと言えるだろう。もちろん間口を広くした分だけ，著作権侵害やコンピュータ・ウイルス感染などの問題が生じたのではあるが。

もちろんウィニーの使用などは，ある水準のメディア環境とコンピュータへのリテラシーを要求されるため，限定付の一般化・大衆化なのかもしれない。だが，通信カラオケはどうだろうか。ごくごく普通に，誰もがネットワーク・ミュージッキングを体験していると言えそうである。音楽配信はすでにわれわれの日常生活に浸透し，〈わが国の音楽CD売り上げが二一世紀以降減少を続けている〉一方で，〈インターネットや携帯電話を介した音楽配信はそのマイナス分を相殺するように業績を伸ばし〉ている。

〈「音楽ケータイ」という言葉もまた俗称であり明確な定義はない

が，一般的には内蔵したフラッシュメモリに音楽データを記録し再生することのできる携帯電話の総称として用いられている。音楽ケータイのユーザーは，パソコンやオーディオ機器からのデータ転送という従来のデジタルオーディオプレイヤー的な利用方法に加え，「着うたフル」等の音楽配信サービスを利用することで，無線で楽曲をダウンロードし聴くことができる。〉

やはり，所有から参照への流れは，加速を続けているのである。

「いま，ここ」のミュージッキング

ではケータイがオーディオ機器となることは，何を意味しているのだろうか。井手口は，デートの最中，不意に聴かせて相手を驚かすために，曲をそっとダウンロードする恋人たちの姿を描いた電話会社のCMを例に引く。〈日本国内での有料音楽配信の売り上げ実績は，金額で見た場合，携帯電話等のモバイル機器からが9割以上，対してインターネット経由は1割に満たない〉という。音楽ランキング番組に「こんな時には何を聴く？」といったランキングが特集されるのも，シチュエーションごとに参照されるべき音楽をアドホックに参照する，といった聴取のあり方の広まりと関係していよう。またモバイル機器を通じて動画共有サイトを視聴する習慣の一般化は，さらに「いま，ここ」に依存した音楽の選択を広めていくことになるだろう。

〈ニコニコ動画のようなサービスにおいては，何を聴くことができるかが，何を所有しているかによっては決定されない。…通常その選択肢は，CDやDVDなどの所有の有無に依拠した場合よりも遥かに多くなる。それは，「私」が常に他の音楽を聴く自分でもありうるという高い偶有性を獲得することに他ならない。今やオンラ

イン世界の「私」は，ありえたかもしれない無数の「聴く私」の一態でしかなくなる〉。もはや私が何者であるかを示すのは，ブラウザやメディアプレイヤーの履歴だけなのかもしれない。

　だがこの私は，単に音楽を聴くだけの存在ではない。ネットワーク・ミュージッキングの語は，〈聴取行為のみに限定せず，ネットワークによって媒介されるあらゆる音楽実践（音楽ファイルの送受信，楽曲のオンライン上での共同制作，お薦め楽曲の相互紹介，プレイリストの共有，さらにはそのような取り組みを行うオンラインスペースの構築まで）を包括的に含んだ概念として提唱〉されている。そして，「あちら側」に重心を置くスタイルのサービスは，音楽だけに限ったことではない。井手口はここまでふれてきた例以外にも，グーグルなど検索エンジン，ウェブメール，ミクシィなどSNS，MMORPGのようなオンラインゲーム，さらにはアマゾンといった仕組を挙げている。

　もちろん，すべてが参照へと至るわけではない。複製物の所有や，生演奏のアウラを求める行いは，21世紀にも止むことはないであろう。だが〈参照をベースとする音楽文化は，旧来的な所有ベースの音楽文化を構成していた人々とは必ずしも一致しない社会集団のなかで発生・醸成〉されていき，そうした人々が多数派を占めていくと思われる。旧来型の音楽ファンからにしてみれば，パッケージ型のコンテンツに多くの出費を割かず，音質などへのこだわりも低い参照派は，一段低く見て当然の存在であり，音楽産業の側からもこれまであまり注目されてはこなかった。だが，専門家やマニアは数的に優位ではなく，かつてほどの権威や影響力も有してはいない。〈仮に，旧来的な音楽文化へのコミットの程度を，構成員の数と併せピラミッド状の階層構造に喩えてみるならば，参照をベースとす

る音楽文化は,おそらくはその最下層からこそ力強く立ち上がってくるのではないか〉。

参照の文化の是非を問うことは本書の任を超えているが,グレイトフル・デッドのジェリー・ガルシアがもし生きていたならば,こうした状況を楽しみ,無料で音源を公開したようにも思われる。

以上,大学入試までもが「参照」の時代へと入った,2011年はじめに記す。

井手口彰典（いでぐち・あきのり,1978- ）

　音楽社会学,ポピュラー音楽研究。音楽の複製や流通・配信,動画共有サイトにおける音楽のあり方やいわゆる「同人音楽」に関する研究を続けている。現在,鹿児島国際大学福祉社会学部専任講師。

参考・関連文献
　細川周平『ウォークマンの修辞学』（朝日出版社,1981年）
　東浩紀『動物化するポストモダン　オタクから見た日本社会』（講談社現代新書,2001年）
　野田努編『クラブ・ミュージックの文化誌　ハウス誕生からレイヴカルチャーまで』（JICC出版局,1993年）
　増田聡『聴衆をつくる　音楽批評の解体文法』（青土社,2006年）

デイヴィッド・ライアン

『膨張する監視社会　個人識別システムの進化とリスク』
Identifying Citizens: ID cards as surveillance, 2009

田畑暁生訳，青土社，2010年

────個人にタグをつける社会へ────

「50　名前：名無しさん／通報しました／51　名前：名無しさん／通報しました…」
（唐沢なをき『まんが極道』3巻，エンターブレイン，2009年）

　筒井康隆の掌編「おれに関する噂」は，ある日突然，何の変哲もないサラリーマンの一挙手一投足が，マスメディアによって大々的にとり上げられ始めるという悪夢のような状況を描いている（『おれに関する噂』新潮文庫，1978年）。今日○○を食べた，××をデートに誘おうとして断られた等々をこぞって伝えるテレビ・新聞・週刊誌。たまりかねた主人公が新聞社に抗議に出向くと，編集長はマスコミがビッグ・ニュースだとしたものがビッグ・ニュースなのだと言い放つ…。

　もちろんこれは，有名人のゴシップばかりを追いかけるテレビ番組などへの風刺であった。だが，1970年代は寓話だったものが，21世紀には現実となっていく。有名人ではなかったとしても，ブログでの不用意の書き込みなどによって，いわゆるネット上での「祭り」の対象となり，個人情報をさらされ，その職場や学校に抗議が殺到するといった事態が繰り返されている。

　メディアが遍在している社会。それは何かをすぐに参照できる社会であるとともに，つねに誰かから参照されかねない社会なのであ

る。もちろん，メイロウィッツの言うように，メディアによる監視が権力者に対して行われることもあろう。誰かから見られること以上に，誰からも見られないことを今人々は恐れているのだという議論もうなずける。だが，ここで取り上げる『膨張する監視社会』は，あくまでも監視テクノロジーの負の作用を訴えている。不特定多数の人々に向けられるが，その映像を見ることのできる人はごく限られている監視カメラ。ネット上での閲覧の履歴がすべてマーケティングのためのデータとして蓄積されるような事態。こうした一部の人々による「身元特定手段の寡占化」は，メディア論の側からも緊急に検討されるべき事象であろう。

　デイヴィッド・ライアンは，情報化社会論を監視社会論へと展開させながら，超管理社会化する現在をもっとも精力的に論じ続けている。

監視社会とメディア

　数多くのライアンの監視関連の著作から，ここでは現時点での最新作をとりあげる。原著のサブタイトルは「監視としてのIDカード」，訳書の副題は「個人識別システムの進化とリスク」。

　〈新たな国民IDシステムでは，目に見える部分はIDカードだが，実際の監視権力はむしろ，記録データベースの方にある。旧来のID書類では，当該国の市民権にまつわる情報が書類もしくはカードに記され，数字や写真，指紋といったものが付されていた。今日のプラスチック国民IDカードでは，写真や文章だけでなく，チップも埋め込まれている。マレーシアの「マイカド」や，イタリアのCIE，日本の住基カードや外国人登録証が例として挙げられる。〉

　IDカードへの全世界的な流れを推進するものとして，ライアン

は「カード・カルテル」という概念を提出する。〈政府，企業，テクノロジーの三者からの圧力が収斂し，複数の問題を一度に解決する「ソリューション」としてIDカードシステムの発展を後押ししている〉。つまり，単純に国家が市民を監視・掌握するというだけではなく，〈アイデンティティ・マネジメントは，まずはオンライン・ビジネスに適用〉されるのである。ネット上での閲覧・購買の履歴データにもとづくアマゾンからのリコメンドが，さほど的外れでないことは多くの人が日々体験していよう。

こうした監視社会を考えるとき，前出の"マイノリティ・リポート"と並んでよく引かれる映画が，"トゥルーマン・ショー"（1998年）である。生まれながらに，本人の知らないうちにつねにテレビカメラに追われ続け，しかもその映像はテレビ番組として，全世界の視聴者へと届けられてきた男の物語。主人公のトゥルーマンは，一つの街にも匹敵する規模の，巨大な撮影セットの中でその半生を送ってきたのである。そしてこの番組においては，24時間トゥルーマンを追い続けるため，CMによるブレイクは存在せず，そのセットの中におかれた商品とそこにいる人々——トゥルーマンの家族・知人を演じ続けてきた役者たち——による推奨が広告として機能している。要するに，番組／CMの境目は存在せず，広告がコンテンツの中に溶け込んでいるのである。

一方，"マイノリティ・リポート"では街頭広告の側が，その前を通る人々の属性を認識し，コマーシャル・メッセージを投げかけていた。画面を見つめる人々の視線の先に広告が割って入ってくる"トゥルーマン・ショー"よりも，広告の側が人々を見つめている"マイノリティ・リポート"の方が今日的なのだろう。ネット上のわれわれの行動の多くは捕捉されており，モバイル機器とGPSシ

ステムとが組み合わさり始めている今，いつも誰かに追尾されているという「おれに関する噂」的状況は，まったくの絵空事とは言えまい。

整序社会とメディア
　そしてIDカードシステムを含む監視制度は，コンピュータ・テクノロジーを駆使した「社会的整序」能力を飛躍的に発展させた。〈IDカードシステムと，ハイテク産業をつなぐ「共通言語」として急浮上してきた〉アイデンティティ・マネジメントの語は，マーケティングの世界でまず始まり，〈さらに国境管理という物理的世界にも移植された〉。顧客のタイプごとに対応を変えることと，国境で出入国を管理することとは，人々を何らかのカテゴリーにソートしていく点では分かつところがないのである。人々を映し出すスクリーンは，同時に「スクリーニング」を行う装置にもなりうるのだ。
　〈市民権概念はもちろん，常に論争の対象となってきたが，新たなIDは，旧来の市民権についての見方を脅かすような，今日の世界の重要な次元を反映している。市民権よりも「消費者としての姿」の方が社会生活として顕著になり，同時に，移民の増加が国民国家を越えた政治的なメンバーシップという問題を提起する中で，国家による市民権というカテゴリーに疑問符が付されていることを，多くの人が実感しているだろう。新たなIDカードは，消費やグローバル化が強調される世界を反映しているのであり，市民権についての新鮮な思考を喚起するのだ。〉
　メディア・テクノロジーを駆使した社会的整序の背景にある消費社会化やグローバリゼーションへの時代の流れ。そうした流れにもかかわらず，もしくはそうした流れにあるからこそ，新たに確保・

確認される国民 ID。

〈身元特定システムは、その本性上、整序システムであり、国民 ID という枠組みは、まさに定義から、市民とそれ以外の他者とを分かつものなのである。ID システムにおいてバイオメトリクスを使うことは、予期されない、しかししばしば不気味な「常連の容疑者」と類似する、「大文字の他者」の一群を作りだすのだ。彼らは実際にもメタファーにおいても、世界の周縁に追いやられている。〉

指紋や虹彩などによる個人の認証が進めば、その人の身体自体が一種のパスワードとして機能し、常連の容疑者(ユージュアル・サスペクツ)はどこにいても、いついかなる時も排除すべき他者として扱われかねないのである。出版業、活字メディアが国民国家の形成に果たした役割はすでに述べた。そうした想像の共同体は新たなメディアよってゆらぎもするが、新しいテクノロジーによって再編される可能性も秘めているのである。

対抗運動とメディア

こうしたライアンのメディアへの悲観に対し、少し異なる角度からの議論として、以下、伊藤昌亮『フラッシュモブズ』(NTT 出版、2011 年) を紹介しておこう。

支配のためのメディアではなく、それへの抵抗のためのメディア (リテラシー)、すなわちオルターナティブ・メディアを論じた書物は数多い。DIY (do it yourself) メディアである自由ラジオなども、「オルタナ」として期待された試みであった。だが『フラッシュモブズ』で取り上げられているのは、従来の常識からはこれを社会運動と言っていいのかと、疑問符がついてまわるような事例である。

フラッシュモブズとは、文字通り「瞬間的な群衆」としか呼びよ

うがない集合行動を指している。たとえば，ネットで示しあわせた数百人の人々が，公共の場で突然動きを止める「パブリック・フリーズ」。日本に関して言えば，巨大匿名掲示板のスレッドが発端となることが多く，吉野家に集まり無言で牛丼を食べる「オフ会」や，映画"マトリックス"（1999年）の扮装をした人々による，渋谷駅前交差点でのいきなりのパフォーマンス，テレビのチャリティ番組でマラソンに挑む芸能人・有名人が，本当に走っているのか，何らかの手段でショート・カットしていないかを監視する運動などなど。

　こうした行動が，単なる悪ふざけにすぎない側面に留意しながらも，伊藤は次のように述べている。〈システムのコントロールが日常生活の隅々にまで浸透し，その方々にまで拡散しながら人々のアイデンティティやモチベーションを管理し，さらにその生理的欲求や感情的関係までをも一元的に統制しようとしている状況に抗し，抵抗へのポテンシャルもまた日常生活の隅々に，そしてその方々に蓄積される。そこでは日常生活におけるさまざまな個人的経験に即して問題が提起され，紛争が喚起される〉。

　マスメディア側がおぜん立てした24時間走り続けるランナー。それを監視しようとする計画も，インターネットというメディア上で練られ，プロジェクト成功後は称賛の言葉がウェブを飛び交うことになる。もちろんこうした活動は，〈従来の市民運動におけるように何らかの政治的達成がその成果として求められるわけでもなければ，その効果として評されわけでもない〉。しかし〈マスメディアの領界の外側に働きかけ，そこに新たな社会空間…独自のネットワークを一時的に創出することによって，システムのコントロールのもとで停滞・沈黙させられているオルタナティブな文化コードを活性化することを目指す〉ものだという。

やはりメディアは，本質的にカクカクシカジカなものであるというよりは，まったくもって「使いようだ」としか言いようがない。

デイヴィッド・ライアン（David Lyon, 1948- ）
　カナダ，クイーンズ大学社会学教授。著書に『新・情報社会論』（小松崎清介監訳，コンピュータ・エージ社，1990年），『監視社会』（河村一郎訳，青土社，2002年），『9.11以後の監視』（清水知子訳，明石書店，2004年）などがある。

参考・関連文献
　五十嵐太郎『過防備都市』（中公新書ラクレ，2004年）
　阿部潔，成実弘至編『空間管理社会　監視と自由のパラドクス』（新曜社，2006年）
　永井良和『スパイ・爆撃・監視カメラ　人が人を信じないということ』（河出書房新社，2011年）
　アーヴィング・ゴッフマン『アサイラム　施設被収容者の日常』（石黒毅訳，誠信書房，1984年）

マーシャル・マクルーハン

『メディア論　人間拡張の諸相』
Unertstanding Media: The extensions of man, 1964

栗原裕，河本仲聖訳，みすず書房，1987 年

——バックミラー越しに視た未来——

「彼女は／情報科学とかいう／妙な学問を／やっているんだ」
（内田善美『星の時計の Liddell』3 巻，集英社，1986 年）

　かつて一世を風靡したダンス・スタイルの歴史をたどるドキュメンタリー映画 "Twist"（1992 年，カナダ）にて，マーシャル・マクルーハンは「ツイストはクールである，対話(カンバセーション)である」「私も一人でよく踊っている」「言葉ではなくて全身で話をしよう」などとインタビュアーを煙に巻いている。頭の回転が速く，シニカルでありながら，不思議なサービス精神や人懐っこさを感じさせる白人男性。マクルーハンの文体も，こうした茶目っ気に溢れており，該博な知識と引用癖とがあいまって，文意ないし真意が非常にとりにくい。だからこそ彼のメディア論は，インターネット以降のメディア環境下で読み直され，多様な角度から新たに読み込まれ続けている（ポール・レヴィンソン『デジタル・マクルーハン』服部桂訳，NTT 出版，2000 年，門林岳史『ホワッチャドゥーイン，マーシャル・マクルーハン？』NTT 出版，2009 年など）。

　メディア論 30 冊の巻尾はやはりこの本だろうと思いつつも，紹介するのにはやや気が重い。だが，やはり読み返すたびに何らかの発見がある。ここはマクルーハンに登場いただくしかない。

メディア史家兼未来学者

　マクルーハンの出発点は文学研究であり，ルネッサンス期の英文学，とりわけ修辞学を専門としていた。印刷メディアの特質に関して鋭い分析を発表しつつも，世間的には無名であった彼が，一躍時代の寵児(セレブリティ)，導師(グル)となったのはひとえに本書によってである。とりわけ有名なのは，「メディアはメッセージである」というフレーズ。そこに盛られる内容以前に，メディアの中からいずれかが選ばれ，使用されていること自体に意味があるという主張は，センセーショナルなものであった。それは「メディア論」が，固有の領域として浮上した瞬間だったと言えよう。

　そして，マクルーハンのメディア概念の独自性は，「メディアは人間の拡張したもの」とした点にある。たとえば，車輪が脚の機能を拡張させたものである以上，当然自動車もメディアの一種だし，衣服は皮膚の拡張ということになる。同様に〈印刷された書物は，…近代の世界を生み出した。そして，その世界がいま新しい電気の技術，すなわち新しい人間の拡張に遭遇する〉。

　〈アルファベット（およびその拡張である活字）が知識という力を拡張させることを可能にし，部族人の絆を壊滅させた。かくして，部族人の社会を外爆発させて，ばらばらの個人の集合としてしまった。電気による書字と速度は，瞬間的かつ持続的に，個人の上に他のすべての人の関心を注ぐ。こうして，個人はふたたび部族人となる。人間種族全体がもう一度，一つの部族となる。〉

　マクルーハンの歴史認識ないし未来予測によれば，印刷メディアによる個人の形成，そしてそれらの想像の共同体である国民国家の構築を経て，1960年代にその端緒が見えかけていた新たなメディア・テクノロジーは，やがて人類を一つにしていくであろう…とい

うことになる。すなわち〈電信の出現によって，人類は中枢神経組織の外在化ないしは拡張を始めたが，いまやそれは衛星中継によって意識そのものの拡張に近づきつつある〉。たしかにわれわれは急速に，自らの頭脳に何かを記憶させるよりも，その都度自身の外部を検索・参照するようになってきている。

　だがここで注意すべきことは，電信というメディアがそうした存在であることは，それが過去のものとなりつつある今，事後的に認識できるという点である。こうした「バックミラー視」によって，マクルーハンは，仮構された未来の時点から1960年代当時ニューメディアだったテレビを振り返りみたりもした。それゆえ文学史の研究者が，未来学者を兼ねることができたのである。

クールとホット

　そして，もう一つのマクルーハン・メディア論に特徴的な概念（規定）として，〈熱いメディアとは単一の感覚を「高精細度」（high definition）で拡張するメディアのこと〉が挙げられる。高精細度とは〈データを十分に満たされた状態のこと〉。それゆえ受け手が補完ないし参加する部分が少ないものが，ホットなメディアということになる。当然その逆は，クール。たとえばマクルーハンにとってゲームも，冷たいメディアであった。〈ゲームとは，共同社会生活の何らかの重要なパターンに多くの人びとが同時に参加できるように，いろんな状況を工夫して作り出したものである〉。同様にツイストは，各人が自らの工夫でアレンジできる幅の広い踊りであるがゆえに，クールなのである。

　〈写真は視覚的に「高精細度」である。漫画が「低精細度」（low definition）なのは，視覚情報があまり与えられていないからだ。電

話が冷たいメディア，すなわち「低精細度」のメディアの一つであるのは，耳に与えられる情報量が乏しいからだ。さらに，話されることばが「低精細度」の冷たいメディアであるのは，与えられる情報量が少なく，聞き手がたくさん補わなければならないからだ。…熱いメディアは受容者による参与性が低く，冷たいメディアは参与性あるいは補完性が高い。〉

　小さなブラウン管の白黒テレビが主流の時代には，テレビもクール・メディアの側に含まれた。〈テレビはバックグラウンドとしては使えない。テレビはわれわれをその世界に引きずり込む。われわれはテレビと「一体化(ウィズ)」しなければならない〉。そして，その一体化は，個人のレベルで起こりつつも，個人の中だけで完結するものではない。

　〈おそらく，テレビが何かの出来事に共同参加的な性格を与える力をもつことを視聴者にもっとも強烈に印象づけたのは，ケネディの葬儀のときであったろう。スポーツ以外のどんな国家的行事も，これほど広い範囲でこれほど多くの観衆を獲得したことはなかった。この事件は，テレビが視聴者を複合した過程に関与させる比類のない力をもつことをあらわにした。…これに比べれば，新聞，映画，そしてラジオさえも，消費者向けの包装用器具にすぎない。〉

　テレビが低精細度でクールな存在であり，バックグラウンドではありえなかった頃。それはやはり半世紀前の現実であろう。だが，マクルーハン・オリジナルの「ホット／クール」という概念や，メディアはメッセージであるという視点は，まだまだ検討に値する。中でも，彼の提出した「地球村(グローバル・ビレッジ)」に関しては，いまだ多くの議論が続いている。

電子メディアは地球村の夢をみたか

　マクルーハンは1960年代の時点で〈われわれの中枢神経組織を電気磁気技術として拡張あるいは転換したら，われわれの意識をコンピューターの世界に転移させるのもあと一段階にすぎない〉と現状を認識しており，〈現在われわれが自分の生活全体を情報という精神的な形態に移し変えるというのは，とりもなおさず，地球という全体を，人類という家族を，単一の意識に仕立て上げることのように見えないであろうか〉と述べている。

　パーソナル・コンピュータ開発の初期の段階において，1960年代の対抗文化（カウンター・カルチャー），とりわけアメリカ西海岸のフラワー・ムーブメントの影響が大きかったことはよく知られている。軍事目的から始まったとされるインターネットも，草の根（グラスルーツ）からの共同性を生み出す動きと連動していった。西海岸で起業されたアップル・マッキントッシュが，1984年にパソコン新機種を売り出すに際し，オーウェルの"1984"をベースとしたCMをつくり，当時コンピュータ業界をリードしていたIBM（≒スーパーコンピュータ≒産軍学複合体）をビッグ・ブラザーに見立て，けんかを売ったことはよく知られている。60年代にマクルーハンが時代の注目を集めたのも，こうした思潮と無関係ではあるまい。

　マクルーハンは，〈電信の出現によって残された唯一の壁は国語の壁であったが，写真と映画の電送写真はこの壁をいとも簡単に乗り越えてしまった〉とあくまでも楽観的である。〈かつての食物採取者としての人間は，いまや情報採取者として思いがけぬ姿で再現することになった。この役割においては，エレクトロニクス時代の人間は旧石器時代の祖先と同様に，遊牧の民（ノマド）なのである〉。遊牧民，世界市民（コスモポリタン），放浪者（バガボンド）…。こうしたイメージも，ビートニクスからヒッ

ピーに至る時代の雰囲気を漂よわせている。

　だが，その後のメディアや文化のグローバリゼーションの実際は，必ずしも地球村とは言いがたい。グローバル化が，新たなローカライズドな文化を生み出し，時にそれが再グローバル化されるなど，一筋縄ではとらえられない（遠藤薫編『グローバリゼーションと文化変容』世界思想社，2007年）。一例をあげれば，1980年頃ニューヨークの一角で産声を上げたヒップホップ・カルチャーは，いわゆるJラップ（日本語ラップ）を誘発し，1990年代以降に本格的な展開をむかえる（イアン・コンドリー『日本のヒップホップ』田中東子，山本敦久訳，NTT出版，2009年，木本玲一『グローバリゼーションと音楽文化』勁草書房，2009年）。また，中国で生まれインドネシアなどをフィールドとしたベネディクト・アンダーソンとは異なり，イギリス文学を専門とし，北米で活動を続けたマクルーハンには，欧米以外での圏域での「ローカルなグローバル化」といった現象は，想定外の事態であったのだろう（岩渕功一『トランスナショナル・ジャパン』岩波書店，2001年，谷川建司，王向華，呉咏梅編『越境するポピュラーカルチャー』青弓社，2009年，井上貴子編『アジアのポピュラー音楽』勁草書房，2010年）。

　ともかく，マクルーハンの著作群の意義は，21世紀の今，ようやくバックミラーにその全貌を映し出し始めようとしている。E・マクルーハン，F・ジングローン編『エッセンシャル・マクルーハン』（有馬哲夫訳，NTT出版，2007年）の副題には，「メディア論の古典を読む」とある。本書で取り上げた30冊の中には，読み継がれるべき古典とは言えないものも含まれていようが，マクルーハンが現在でも参照の価値を失っていないことに，異議を唱える人は少ないだろう。

マクルーハンのひねりの聞いた警句は，今も人々の中枢神経をツイストさせ続けている。

マーシャル・マクルーハン（Marshall McLuhan, 1911-1980）
　カナダ生まれ。1946 年にトロント大学教授に就任。英文学研究からスタートし，独特のメディア論を残す。著書に『機械の花嫁』（井坂学訳，竹内書店，1968 年），『グーテンベルグの銀河系』（森常治訳，みすず書房，1986 年）など。

参考・関連文献
　ノルベルト・ボルツ『グーテンベルク銀河系の終焉　新しいコミュニケーションの姿』（識名章喜，足立典子訳，法政大学出版局，1999 年）
　マニュエル・カステル『インターネットの銀河系　ネット時代のビジネスと社会』（矢澤修次郎，小山花子訳，東信堂，2009 年）
　小川博司『音楽する社会』（勁草書房，1988 年）
　奥野卓司『パソコン少年のコスモロジー　情報の文化人類学』（筑摩書房，1990 年）

著者略歴

難波功士（なんば・こうじ）

1961年生。京都大学文学部卒業後、博報堂入社。東京大学大学院社会学研究科修士課程修了。現在、関西学院大学社会学部教授、博士（社会学）。広告論、メディア史。著書に、『撃ちてし止まむ　太平洋戦争と広告の技術者たち』（講談社選書メチエ）、『「広告」への社会学』（世界思想社）、『族の系譜学』（青弓社）、『創刊の社会史』（ちくま新書）、『ヤンキー進化論』（光文社新書）、『広告のクロノロジー』（世界思想社）。共編著に、『メディア文化を読み解く技法』（世界思想社）、『博覧の世紀』（梓出版社）、『テレビ・コマーシャルの考古学』（世界思想社）。

ブックガイドシリーズ　基本の30冊
メディア論

2011年8月20日　初版第1刷印刷
2011年8月30日　初版第1刷発行

著　者　難波功士
発行者　渡辺博史
発行所　人文書院
〒612-8447 京都市伏見区竹田西内畑町9
電話 075-603-1344　振替 01000-8-1103
印刷所　創栄図書印刷株式会社
製本所　坂井製本所
装　丁　上野かおる

落丁・乱丁本は小社送料負担にてお取替えいたします

© 2011 Kouji Namba　Printed in Japan
ISBN978-4-409-00106-6　C1300

Ⓡ〈日本複写権センター委託出版物〉
本書の全部または一部を無断で複写複製（コピー）することは、著作権法上での例外を除き禁じられています。本書からの複写を希望される場合は、日本複写権センター（03-3401-2382）にご連絡ください。

ブックガイドシリーズ　基本の30冊

＊東アジア論　丸川哲史

＊倫理学　小泉義之

＊科学哲学　中山康雄

＊グローバル政治理論　土佐弘之編

＊日本思想史　子安宣邦編

マンガ・スタディーズ　吉村和真, ジャクリーヌ・ベルント編

人文地理学　加藤政洋

沖縄論　仲里効, 豊見山和美

＊メディア論　難波功士

政治哲学　伊藤恭彦

文化人類学　松村圭一郎

環境と社会　西城戸誠, 舩戸修一編

精神分析学　立木康介

臨床心理学　大山泰宏

経済学　西部忠編

以下続刊

＊は既刊。内容は変更の場合あり。